Dunkelretreat

eine spannende Reise zur Quelle des Seins

Mit 30 Erfahrungsberichten von Teilnehmenden aus 5 Jahren

Von Bharati Corinna und Martin Glanert

1. Auflage (2017)

Herausgeber: Bharati Corinna Glanert und Martin Glanert
Schönbüchstr. 24
77887 Sasbachwalden
Deutschland

www.spiritbalance.de
www.dunkelretreat.de

Autor: Bharati Corinna Glanert und Martin Glanert
Gestaltung, Illustration: Hannah Albrecht und Marcus Herrmann
Umschlagfoto: www.fotolia.com
Printed in Germany

Verlag: tao.de in J. Kamphausen Mediengruppe GmbH,
Bielefeld, www.tao.de, eMail: info@tao.de

Bibliografische Information der Deutschen Nationalbibliothek:
Die Deutsche Nationalbibliothek verzeichnet diese Publikation
in der Deutschen Nationalbibliografie; detaillierte bibliografische
Daten sind im Internet über http://dnb.d-nb.de abrufbar.

ISBN Paperback: 978-3-96051-910-2
ISBN e-Book: 978-3-96051-912-6

Inhaltsverzeichnis

Mein Weg zum Dunkelretreat

Ein Vorwort von Bharati Corinna Glanert

Viele prägende Jahre meines Lebens verbrachte ich in Indien, wo ich mit kraftvollen Yogis und Sadhus in Kontakt kam. Diese Zeit war voller Einweihungen in neue Welten für mich. Ich lernte unzählige spirituelle Praktiken und Energieprozesse kennen und bekam nach jahrelangem, intensivem Praktizieren gewisser Meditationstechniken einige bewegende und tiefe Einblicke in sehr hohe Ebenen des Bewusstseins. Diese Jahre des kompletten Rückzugs aus der westlichen Welt zeigten mir, dass wahre Erleuchtungszustände für jede Seele erreichbar sind! So bin ich heute zutiefst dankbar für diese wertvolle Zeit.

In Indien erfuhr ich auch von der spirituellen Praxis im Dunkeln. Obgleich ich hoch fasziniert war vom Weg der Dunkelheit, standen an diesem Punkt meines Lebens noch andere Techniken im Vordergrund. So kam es, dass ich mein erstes Dunkelretreat erst im Jahr 2010 erlebte, als ich bereits wieder zurück in Deutschland war.

Mein erstes Dunkelretreat ist eine sehr kraftvolle Erfahrung gewesen, die tief berührte und mir Einblicke in meine Mission hier auf der Erde gewährte. Ich verbrachte meine Zeit im Dunkeln vollkommen alleine, ohne jegliche spirituelle Betreuung oder Führung. Dies war alles andere als einfach und so erkannte ich, dass für viele Menschen ein Dunkelretreat noch effektiver sein würde, wenn es von kompetenter spiritueller Führung begleitet wäre. So würde sich ein sicherer Raum aufbauen, in den die Menschen sich vertrauensvoll hineinfallen lassen könnten. In diesem Rahmen wäre es mir möglich sie mit meinem Wissen aus Indien ganz bewusst in tiefe Erfahrungen hineinzuführen.

Nach dem Retreat begann ich diese Vision in die Welt zu bringen und leite nun schon seit 2011 erfolgreich betreute Dunkelretreats in verschiedenen Ländern. Mittlerweile ist dieses Projekt so gewachsen, dass ich begonnen habe, Menschen zu Dunkelretreat-Betreuern auszubilden und mich hier bei Spiritbalance nun schon ein ganzes Betreuer-Team tatkräftig unterstützt.

Es ist mein Herzenswunsch, Menschen auf ihrer Suche nach wahren spirituellen Erfahrungen zu helfen. Denn die Verbindung zu hohen spirituellen Seelen, außerkörperliche Erlebnisse in Astralwelten, Darshans und ähnliche Erfahrungen sind oft sehr heilend, bewusstseinserweiternd und helfen dem Erlebenden maßgeblich in seiner persönlichen Entwicklung. Dunkelretreats sind für mich die absolute Königsdisziplin auf diesem Weg.

Schon mehr als 17 Jahre forsche ich intensiv auf dem Gebiet der Spiritualität und übersinnlichen Wahrnehmung und kenne sehr viele Techniken und Wege, um spirituelle

Erfahrungen bewusst hervorzurufen. Doch obwohl all diese Techniken und Wege sehr kraftvoll und intensiv sein können, ist es das Dunkelretreat, das in meinen Augen den schnellsten und oft auch intensivsten Effekt zeigt. Für viele ist es eine Abkürzung auf dem spirituellen Weg, ein Katalysator für authentische spirituelle Erfahrungen.

Dieses Buch ist eine Sammlung persönlicher Erfahrungsberichte unserer Gäste und soll dir einen Einblick in die Möglichkeiten geben, welche ein Dunkelretreat bereit hält. Ich bin sehr glücklich, dass sich so viele unserer bisherigen Retreat-Teilnehmer geöffnet und all die vielfältigen Erfahrungen für dieses Buch aufgeschrieben haben. Du wirst sehen wie individuell ein Dunkelretreat ist und wie viel es bewirken kann. Möge dieses Buch dich dabei unterstützen, deinen eigenen Weg zu tiefen heilbringenden Erfahrungen zu finden.

Lichtvolle Grüße

Bharati Corinna Glanert

Mein Weg zum Dunkelretreat

Ein Vorwort von Martin Glanert

Als ich meine Frau 2011 auf einer Reise in Indien kennenlernte, wusste ich noch nicht, dass wir in Zukunft ein großes Stück unseres Lebensweges gemeinsam gehen werden. Ich wusste noch nicht, dass wir zwei wunderbare Kinder zusammen groß ziehen und ich mit dem Dunkelretreat eine so kraftvolle Technik für Selbsterfahrung und persönliche Weiterentwicklung kennenlernen werde.

Ich gebe es zu: Am Anfang war ich sehr skeptisch, was dieses Dunkelretreat tatsächlich sei. Ich konnte mir nur schwer vorstellen, dass die Isolation in Dunkelheit tatsächlich einen nachhaltigen Effekt auf das Leben und die Persönlichkeit der Teilnehmer haben könnte. Bald schon wurde ich aber eines Besseren belehrt. Mit Sicherheit war es ein großer Vorteil, dass ich die verschiedenen Dunkelretreats in unserem Seminarhaus hautnah miterleben durfte, ohne direkt darin involviert zu sein. Ich habe eine sehr intensive empirische Ausbildung in Psychologie und Verhaltenswissenschaften genossen und diese Jahre an der Universität hinterlassen ihre Spuren. Oftmals erschien es mir so, als wäre nur das Empirische, Nachprüfbare, wirklich wahr. Mit der Zeit durfte ich erleben, wie einige Teilnehmer im Dunkelretreat wunderbare, teilweise auch extreme Erfahrungen machten und als anderer Mensch diesen besonderen Ort wieder verließen.

Mit der Zeit erkannte ich, dass die Dunkelheit einfach nur ein Katalysator für bestimmte innere Prozesse ist, sowohl körperliche, mentale als auch energetische. Bharati fing an, mich in bestimmten Situationen um Hilfe zu fragen und forderte mich immer mehr dazu auf, mich aktiv in die Betreuung einzubringen und Gespräche zu übernehmen. So wuchs ich langsam aber sicher in die Rolle als Begleiter hinein. Wäre dieser Prozess nicht so organisch, ja fast schon vorsichtig geschehen, so hätte mein Geist mit Sicherheit rebelliert. Zu außergewöhnlich waren die Erfahrungen, die viele Teilnehmer im Dunkelretreat machten. Teilweise waren die Erlebnisse so extrem, dass sie diese nur mit uns teilen konnten und sonst mit niemandem, aus Angst für verrückt erklärt zu werden. Mit der Zeit veränderten sich auch meine Wahrnehmung und mein Denken. Ich erkannte, dass die scharfe Trennung zwischen Körper, Geist und Seele nicht besteht und dass diese nur Hilfskonstruktionen des unbewussten Denkens waren, um uns die Wirklichkeit zu erklären. Eine Wirklichkeit, die größtenteils visuell wahrgenommen wird. Sobald dieser Kanal im Dunkelretreat ausgeschaltet ist, verlieren auch alle Konzepte, mit denen wir normalerweise unsere Wirklichkeit erklären, stückweise an Bedeutung.

2013 war es dann soweit und ich begab mich selbst in die Dunkelheit. Ich wollte meine eigenen Erfahrungen machen. Nachdem ich einige Zeit tief und fest geschlafen hatte, begannen sich sehr schnell Schlaf, Traum und Wirklichkeit ineinander zu schieben. Nachdem sich meine Gedanken beruhigt hatten, begannen auch schon die Erlebnisse. Ich war gleichzeitig in meinem Raum im Dunkeln und auch an einem anderen Ort in meinen Träumen. Ich schlief, aber ich war auch wach. Ich träumte, aber ich erlebte es gleichzeitig realer als die Wirklichkeit. In diesem Sinne flog ich über weite Felder hinweg. Nach einiger Zeit hörte ich meine innere Stimme zu mir sprechen. Ich hatte immer angenommen, dass dies ein höchst heiliger Moment sei, der von Trommelwirbel oder einem Streichquartett begleitet werden würde. Diese Stimme war eigentlich gar keine Stimme, sondern mehr eine Gewissheit. Weniger der Satz auf einem Papier, als die Erinnerung an etwas Gelesenes. Mein inneres Selbst sprach zu mir und gab mir bezüglich meines zukünftigen Verhaltens sehr konkrete Anweisungen. Beispielsweise sollte ich Barfuß laufen, um mich mehr mit der Erde zu verbinden.

Während meiner Ausbildung zum klinischen Psychologen an der Universität machte ich ein mehrmonatiges Praktikum bei einem meiner Professoren und behandelte im Rahmen dieses Praktikums einige Patienten nach den vorgegebenen Regeln. Während heutzutage die kognitive Verhaltenstherapie den Ton angibt, war die Praxis meines Professors eher psychodynamisch ausgerichtet. Ich erinnere mich noch sehr genau an eine Situation, in der wir das Erstgespräch eines Klienten zusammen führten.

Mein Professor wies mich darauf hin, dass er explizit keinen festen Gesprächsrahmen gegeben hatte, um besser hinter die Fassade der internen Prozesse seines Klienten schauen zu können. Er bemerkte, dass man durch eine feste Struktur immer nur die Reaktion einer Person auf diese Struktur beobachten konnte. Wollte man die Struktur der Person selbst kennenlernen, so musste die eigene Interaktion frei von Strukturen sein.

Das Dunkelretreat bietet im Gegensatz zu vielen anderen Methoden der inneren Erkenntnis einen großen Vorteil. Es ist die Strukturlosigkeit. Ohne äußere und innere Struktur zeigt sich nach einiger Zeit ganz automatisch unsere tiefe innere Struktur, egal ob man sie nun Persönlichkeit, Seele oder wie auch immer nennen mag. Außerdem ist das Bewusstsein durch die Abwesenheit von äußeren Reizen stets auf der Suche nach neuen Informationen. Das Entfalten der inneren Geheimnisse erscheint fast wie ein Theaterspiel in vielen vielen Etappen, wie ein Konzert in mehreren Sätzen, mal schnell und mal langsam, mal freudig und mal traurig. Und wie in einem Konzert, gibt es auch hier immer wieder Motive, die zurückkehren und die Wesenszüge des eigenen Selbst offenbaren. So zeigt sich vor dem inneren Auge das Wesen des eigenen Selbst.

Liebe Grüße

Martin Glanert

Das Tao sagt:

„Wenn Du in die Dunkelheit gehst und sie wird vollkommen, verwandelt sich die Dunkelheit schon bald in Licht."

Mantak Chia

Dunkelretreat

Rückzug in die Dunkelheit

Jeder Mensch hat schon einmal ein intensives und langes Dunkelretreat erlebt – nämlich neun Monate lang in der warmen, wohligen und immer versorgenden Gebärmutter unserer Mutter. Durch diese erste Erfahrung haben wir, tief verbunden mit der Mutter, eine Einheit gebildet und uns friedlich neun Monate lang dem Urvertrauen hingegeben. Ein Dunkelretreat ist häufig wie ein bewusstes Zurückgehen in diese Ur-Erfahrung. Dort gebären wir nicht nur neue Erkenntnisse, sondern nehmen auch die eigene Seele, mit all ihrer Weisheit und spirituellen Kraft, wieder wahr.

Der Rückzug in die Dunkelheit als Mittel zur Reizminderung und Entkonditionierung ist keineswegs eine moderne esoterische Erfindung, sondern gehört zum Selbstfindungsrepertoire vieler alter Kulturen und Religionen. In der vor-buddhistischen Bön-Religion Tibets wurde das Dunkelretreat schon als „Königsweg der Meditation" bezeichnet und auch den indigenen Völkern Südamerikas ist der Rückzug in die Dunkelheit bekannt. Kivas beispielsweise sind unterirdisch angelegte kreisrunde Zeremonie- und Versammlungsräume der Pueblo-Kulturen. Ja, sogar Pythagoras errichtete unter seinem Haus in Süditalien einen in der Erde liegenden

Raum, in dem er lange Phasen des bewussten Rückzugs verbracht haben soll.

Um durch solch einen intensiven Rückzug tiefe Energieprozesse auslösen zu können, ist es wichtig, dass der Dunkelretreat-Bereich, zudem auch das Bad und gegebenenfalls der Flur gehören, zu 100 % abgedunkelt sind. Nur dann sind wir über die gesamte Retreat-Zeit vollständig frei von optischen Reizen und können uns den tiefen Prozessen hingeben, welche die Dunkelheit uns eröffnet.

Je länger der Aufenthalt in vollständiger Dunkelheit an einem geschützten Ort dauert, umso intensiver werden die spirituellen Erfahrungen. Die Dunkelheit selbst wird zum Guru. Das Sanskrit-Wort Gu bedeutet Dunkelheit oder Unwissenheit, Ru bezeichnet den Entferner dieser Dunkelheit. Daher ist jemand, der die Dunkelheit und Unwissenheit von uns nimmt, ein Guru. Und genau dies wird die Dunkelheit auch tun - sie kann uns zum höchsten Licht führen, wenn wir uns dafür öffnen und vollkommen dazu bereit sind. Die Dunkelheit ist eine Urkraft, die hilft, uns persönlich und spirituell zu entwickeln. Geben wir uns ihr länger hin, erleben wir eine immer tiefer gehende, heilsame Erfahrung mit uns, dem Sein und jenen Kräften, die viel größer sind als wir selbst.

Ein längerer Aufenthalt im Dunkeln wird auch Dunkeltherapie genannt, denn die Zeit ohne Ablenkungen, nur mit sich selbst, wirkt auf vielen Ebenen äußerst heilsam. Im

Gegensatz zu gängigen Therapieansätzen arbeitet die Dunkeltherapie nicht mit einzelnen Problemen, sondern erfasst den Mensch als Ganzes, als Einheit. Es geht zunächst vor allem darum, sich mit sich selbst und dem Universum zu verbinden und als Einheit zu spüren. Tief verbunden mit unserer Seele erfahren wir oft Erstaunliches über unser eigenes Sein. Der Geist rutscht meist von allein in eine Art Meditationszustand. Dadurch wird es leicht, mit Mantren diese bereits vorhandene meditative Grundenergie energetisch weiterzuentwickeln.

Fernab von jeglichen äußeren Reizen beginnen wir im Dunkelretreat auf ganz natürliche Art und Weise unser Innenleben zu erforschen. Wenn dem Geist keine äußeren Objekte der Betrachtung mehr zur Verfügung stehen, liefert er oft zuerst noch eine Bandbreite an interessanten Ideen und Ablenkungsvorschlägen, mit denen er sich doch noch beschäftigen könnte. Alleine den Geist in dieser ersten Zeit in der Dunkelheit zu beobachten, stellt einen intensiven erkenntnisreichen Prozess dar, der viel über die eigenen Prägungen und Konditionierungen sichtbar werden lässt.

Nach ein paar Tagen in der Dunkelheit wird der Geist erfahrungsgemäß ruhig und die Aufmerksamkeit richtet sich allmählich weiter nach innen. Viele Teilnehmer erleben wunderbare Einheitsgefühle und tiefe innere Ruhe, die das Herz und den Geist erfüllen und tragen.

Alles, was wir jemals erlebt haben, ist in unseren Körperzellen und unserem Energiefeld als Information gespeichert. Wenn das Licht im Außen erlischt, dann erscheint unser inneres Licht, welches diese vergrabenen Bereiche unseres Seins beleuchtet und erhellt. Die äußere Dunkelheit ebnet so den Weg zum inneren Licht und öffnet den Raum für tiefgreifende positive Veränderungen.

Ist der Blick erstmal auf das Innenleben gerichtet, kann es sein, dass sich zunächst all die unverarbeiteten Themen aus der Vergangenheit melden, die schon lange darauf warten, endlich verarbeitet und losgelassen zu werden. Unterdrückte Gefühle und verdrängte Verletzungen, die tief im Unterbewusstsein liegen und sich seit langer Zeit dem Alltagsbewusstsein entzogen haben, bekommen plötzlich ihren Raum zur Betrachtung und Transformation.

Stille als Weg zum wahren Selbst

Die äußere Welt ruht nie. Sie ist in ständiger Aufruhr. Wir kennen das alle. Flimmernde Fernseher, dröhnende Musikanlagen, klingelnde Smartphones, aktives Internet und strahlende Satelliten - die Welt um uns herum wird kontinuierlich lauter. Diese ständigen Geräusche, Bilder und Anforderungen muss das menschliche Gehirn erst einmal sehr gründlich sortieren und verarbeiten. Je länger eine wohlverdiente Pause für das Gehirn ausbleibt, desto unkonzentrierter und energieloser wird der Mensch. Komplette Rückzugszeiten sind daher gerade in der heutigen schnelllebigen Zeit geradezu notwendig, damit das System durch ständige Reizüberflutung nicht in Dauerstress versetzt wird.

Eine sehr effektive Methode, um diese Verarbeitungsmechanismen in Gang zu setzen, ist der Rückzug in einem vollständig abgedunkelten Raum. Fernab von jeglichen äußeren Lichtquellen beginnt die Reise zum Selbst unmittelbar. Der Blick richtet sich automatisch nach innen. Schnell wird spürbar, wie wichtig Stille für die eigene Regeneration und Gesundheit ist.

Doch erst wenn für längere Zeit der ständige Reizfluss unterbrochen wird, bekommt das Gehirn seine wohlverdiente Pause. Die Erholungsphase der kognitiven Ressourcen setzt ein und der Blutdruck kann sich normalisieren.

Im Gehirn befindet sich ein Ruhezustandsnetzwerk, welches als Default Mode Netzwerk bekannt ist. Allerdings werden diese besonderen Gehirnareale erst dann aktiv, wenn sie kein neues Informationsmaterial zu verwerten und keine Aufgaben zu bewältigen haben. Sich selbst wahrzunehmen und zu reflektieren, fällt im Zustand des Rückzug folglich viel leichter.

Oft werden vergangene Erinnerungen wieder greifbar. Es erschließt sich ein innerer Raum, der höhere Zusammenhänge und Sinnhaftigkeit erkennen lässt. Transformationsprozesse werden mit Hilfe der Dunkelheit verstärkt angekurbelt. Diese lebensverändernden Erfahrungen in der Stille des Dunkelretreats führen oft zu tiefgreifenden emotionalen und psychischen Heilungen. Manche Gäste berichten von außergewöhnlicher Tiefenentspannung, die sie in der Stille der Dunkelheit erleben.

Manchmal geschieht es aber auch, dass diese Stille unerträglich scheint, Themen angeschaut werden wollen, bevor sie wirklich komplett verschwinden können. Nicht immer ist das angenehm. In diesen Phasen ist es wichtig, sich zu vergegenwärtigen, dass gerade diese Erfahrungen immer zutiefst heilsam sind. Alte Verletzungen können überwunden und neue Sichtweisen integriert werden. Diese neu gewonnene innere Freiheit lässt den Menschen regelrecht aufblühen. Sie bildet die Grundlage für die Erschaffung einer positiven und friedvollen Zukunft mit sich selbst und allen Mitmenschen.

Intensive spirituelle Erfahrungen

Der komplette Rückzug in die Dunkelheit ist so kraftvoll, weil der visuelle Kanal vollständig ausgeschaltet wird. Somit ist die größte Ablenkungsquelle für das Bewusstsein entfernt und es stellt sich nach kurzer Zeit von ganz alleine ein Zustand der Bewusstseinserweiterung ein.

Nach einiger Zeit schärfen sich automatisch andere, feinere, Sinne. Das dritte Auge öffnet sich, Visionen, hellsichtige Erfahrungen und Begegnungen mit anderen Dimensionen werden möglich. Weiterhin beginnen wir bewusst oder unbewusst, einen inneren Monolog mit unserem Unterbewusstsein und unserer Seele zu führen.

Ohne jegliche äußeren Reize meldet sich verstärkt die innere Stimme, denn diese ist mit der Seele verbunden. So geschieht es, dass einzigartige Wahrheit und Weisheit in Erkenntnisblitzen bewusst werden. Inneres Wissen ist plötzlich ganz klar. Entscheidungen zu treffen fällt leicht. Der eigene Weg offenbart sich deutlich. Antworten auf wichtige Lebensfragen kommen spontan von ganz alleine zu uns. Tiefe mentale Ruhe stellt sich ein.

Der Kontakt zu spirituellen Wesen, Verstorbenen und dem Ur-Licht der eigenen Seele wird möglich.

Jeder Teilnehmer erfährt die Dunkelheit auf individuelle Weise und unterschiedliche spirituelle Erlebnisse sind während des Dunkelretreats möglich. Es ist oft eine vertiefte Wahrnehmung von sich selbst da, Inneneinkehr und die Beobachtung der mentalen Prozesse.

Zu den häufigsten Wahrnehmungen im Dunkelretreat zählen Lichterscheinungen. Nach einiger Zeit in der Dunkelheit wird das innere Licht physisch sichtbar. Das sorgt für eine tiefe, transformierende Erfahrung. Das Wort Erleuchtung bekommt in diesem Zusammenhang eine ganz andere Bedeutung. Außerkörperliche Erlebnisse werden ebenso häufig geschildert wie Begegnungen mit geliebten Personen, Verstorbenen, Engeln und hohen Geistwesen. Der Zugang zu spirituellen Welten öffnet sich weit und sorgt für eine lang anhaltende Bewusstseinserweiterung.

Wenn wir weit genug loslassen, hören wir auf, im Außen zu projizieren und schauen, im wahrsten Sinne des Wortes, nach innen, denn das Außen existiert im Dunkelretreat nur noch bedingt. Dadurch ist es möglich, von der ICH-Erfahrung zum SEIN zu kommen - ein wundervoller Zustand der Einheit und des Angekommen-Seins.

Verschiedene Stufen spiritueller Erscheinungen

Beschäftigen wir uns tiefer mit Spiritualität, so erkennen wir, dass intensive spirituelle Erfahrungen durchaus auf einem mehrstufigen Prozess aufbauen.

Es offenbaren sich oft zuerst beeindruckende Energielichter oder das eigene strahlende Seelenlicht, welches nie erlischt und alles durchdringt. Diese erste Stufe wird meist von einem Nicht-Fühlen begleitet oder einer Verwirrtheit darüber, ob und was genau gefühlt wird.

Auf der zweiten Stufe fühlen und sehen wir mehr. Zum Beispiel werden dreidimensionale Yantren sichtbar.

Auf der dritten Stufe sind bereits physische Erscheinungen von hohen spirituellen Wesen möglich, mit denen wir direkt in Kontakt treten und kommunizieren können.

Spontane außerkörperliche Erfahrungen

Die Astralebene erreichen häufiger Menschen mit langer Meditationserfahrung, doch auch Einsteiger berichten immer wieder von Astralreisen und vergleichbaren Erlebnissen. Die Intensität dieser Erfahrung ist überwältigend und wirft neue Fragen zur eigenen Person, dem bewussten Wahrnehmen unserer Welt und elementaren Fragen zu Tod und Vergänglichkeit auf. Das Dunkelretreat ist zwar nicht der einzige Weg zu Astralreisen, doch die lange und dunkle Meditationsphase erschließt dieses unglaubliche Potenzial auf einfache Weise. Durch langjährige intensive Forschung im Bereich der außerkörperlichen Erfahrungen und Astralreisen ist erwiesen, dass diese hochenergetischen spirituellen Erlebnisse für jede Seele erfahrbar sind. Außerkörperliche Erfahrungen treten meist dann ein, wenn der Körper völlig entspannt ist. Viele Menschen erleben das besondere Phänomen der Außerkörperlichkeit ein paar Mal im Leben, meist auf ganz spontane Art und Weise.

Spontane außerkörperliche Erfahrungen kommen oft bei Nahtoderfahrungen vor, wie zum Beispiel bei schweren Unfällen. Frauen erleben diese Erfahrung manchmal bei Geburten. Bei allen Grenzerfahrungen kann es geschehen, dass sich die Seele vom Körper löst und der Mensch plötzlich seinen eigenen Körper bewusst von außen betrachtet. Im Dunkelretreat kann eine solche Grenzerfahrung spontan passieren.

Außerkörperliche Erfahrungen bewusst hervorrufen

Jeder Mensch erlebt ohnehin täglich auf der unbewussten Ebene außerkörperliche Erfahrungen - nämlich nachts im Schlaf. Nur können sich die wenigsten bei Tagesbewusstsein noch daran erinnern. Doch es ist auch möglich hohe spirituelle Erfahrungen bewusster Astralreisen ganz gezielt mit konkreten Techniken einzuleiten. Wer diese leicht erlernbaren Übungen konsequent anwendet, kann relativ schnell erstaunliche Ergebnisse erzielen.

Einige Gäste haben die Dunkelheit bei uns dafür genutzt, diese Techniken zu üben und konnten relativ leicht außerkörperliche Erfahrungen willentlich erzeugen. Dabei gelang es ihnen ganz bewusst, auf die hochenergetische Astralebene zu wechseln. Solche eindrücklichen Seelenerfahrungen sind eine absolute Bereicherung für das eigene Leben und Selbstverständnis und insbesondere die Dunkelheit unterstützt diesen Prozess sehr.

Wer gelernt hat, sich gezielt auf die Astralebene zu begeben, vergisst diese hochschwingenden Erlebnisse nicht, wenn er ins Körperbewusstsein zurückkommt. Auf diesen Ebenen sind hochenergetische Begegnungen möglich. Zu den auftretenden Sinneserweiterungen zählen auch Hellhörigkeit und Hellsichtigkeit. Es gibt keine körperlichen Einschränkungen. Blinde Menschen können sehen und Gelähmte können in der Astralwelt gehen. Solch wunderbare Erlebnisse führen bei diesen Menschen meist zu einer tiefgreifenden Heilung. Denn wenn wir einmal erfahren haben, wer wir wirklich sind, heilt sehr viel Schmerz und Negativität in uns. Die Angst vor dem Sterben weicht und macht Platz für wunderbare Einheitserfahrungen, die unser ganzes Selbstbild verändern. Das Bedürfnis, essenziellen Fragen und der Sinnhaftigkeit eines menschlichen Erdenlebens auf den Grund zu gehen, wird verstärkt.

Hellsichtige und hellhörige Erfahrungen

Hellsichtigkeit und Hellhörigkeit entwickeln sich im Dunkelretreat auch ohne, dass wir die Ebene des Astralen erreichen. Meist ist es so, dass diese Qualitäten und besonderen Fähigkeiten auch nach dem Dunkelretreat bestehen bleiben. Ob wir diese Energien halten können, hängt von unserem Lebensstil ab. Je sorgsamer wir diese Schätze hüten, je bewusster wir damit umgehen und je intensiver wir uns in fortlaufender spiritueller Praxis üben, desto einfacher finden wir erneut Zugang zu diesen hohen Ebenen.

Die Bandbreite an erfahrbaren spirituellen Erlebnissen ist groß und wird durch die in der Dunkelheit hervorgerufenen körperlichen Prozesse beschleunigt. Begeben wir uns tagelang in komplette Dunkelheit, verändert sich die Biochemie des menschlichen Gehirns enorm und setzt spirituelle Erfahrungen in Gang.

Körpereigene biochemische Prozesse

Übersinnliche Erfahrungen stehen in direktem Zusammenhang mit der Zirbeldrüse, einer etwa erbsengroßen, kieferzapfenförmigen Hormondrüse in der Mitte unseres Gehirns. Sie steuert die innere Uhr, reguliert den Schlaf, regelt den Alterungsprozess und ist maßgeblich für unsere Intuition verantwortlich. Aus spiritueller Sicht ist sie der Hauptsitz der Seele und die Pforte zwischen der physischen und der feinstofflichen Welt.

Innerhalb der ersten drei Tage in völliger Dunkelheit kann die Zirbeldrüse ausreichend viel des Regelhormons Melatonin produzieren, sodass das Gehirn vermehrt auf der Thetafrequenz schwingt. Thetawellen liegen im Frequenzbereich zwischen 3 und 8 Hz und sind Wellen des Unbewussten, die besonders bei Entspannung, Meditationen und Tieftrance vorherrschen. So ist es nicht verwunderlich, dass viele Dunkelretreat-Teilnehmer in den ersten Tagen ein vermehrtes Bedürfnis nach Ruhe und Schlaf empfinden. Im Thetastadium bekommt der Mensch auch einen tieferen Zugang zu seinen unbewussten, unterdrückten Gefühlen und Themen sowie zu kreativen Potenzialen und erhöhter Konzentrationsfähigkeit. In dieser Phase können Wachträume und erkenntnisreiche Visionen auftreten. Der Geist gewinnt an Klarheit und der Dunkelretreat-Teilnehmer kann langsam die Verbindung mit dem göttlichen Bewusstsein aufbauen. Es kann auch vorkommen, dass sich bestehende Beschwerden in dieser Phase zunächst verschlimmern, bevor Heilung eintritt.

In den darauffolgenden Tagen treten oft Stimulationen des dritten Auges auf. Denn sobald sich das Melatonin auf ein Niveau von 15 - 20 mg eingependelt hat, kann die Zirbeldrüse mit der Produktion des Supraleiters Pinolin beginnen. Das Gehirn kann sich jetzt auf einer Frequenzebene einschwingen, in der die Neurotransmitterproduktion durch die Epiphyse angeregt wird. Die Epiphyse wiederum ist dafür zuständig, das gebildete Melatonin in DMT umzuwandeln, was eine Stimulation des dritten Auges zur Folge hat. Diese Pinolin-Phase tritt im Normalfall nur im Mutterleib oder bei Nahtoderfahrungen auf. Sie verstärkt luzides Träumen und kurbelt die Selbstheilungskräfte im Körper an. Sogar hellsichtige bis hellhörige Erfahrungen und Lichterscheinungen können auftreten und die Bedeutung des Daseins, sowie die „Ordnung aller Dinge“ intuitiv erfasst werden. Die Zirbeldrüse dient nun als Empfängerkanal für unsere Seele und ermöglicht uns den Zugriff auf Informationen aus anderen Existenzebenen.

Nach ungefähr sechs bis acht Tagen im Dunkelretreat kann die Zirbeldrüse das Neurohormon 5-MeO-DMT produzieren, welches auch als Akashon bezeichnet wird. Dieses Molekül aktiviert weitere 40 Prozent der Großhirnrinde und das Nervensystem wird sich zunehmend seiner Selbst bewusst. Der Emotionalkörper dehnt sich bis in die Unendlichkeit aus. In diesem Zustand weicht die Dunkelheit einem hellen Licht und ein Gefühl von Neugeburt durchströmt den Menschen. Tiefe Einheitsgefühle mit dem Universum, empathische Seinszustände und Astralprojektionen im Angesicht des hellen Lichtes, sind in dieser Phase keine Seltenheit.

Zwischen dem neunten und zwölften Tag im Dunkelretreat kann das DMT-Niveau auf bis zu 25 mg ansteigen. DMT ist der aktivierende Neurotransmitter für die Zirbeldrüse, die in direktem Zusammenhang mit dem feinstofflichen dritten Auge steht. Stark visuell geprägte Erlebnisse werden begünstigt. Nach einiger Zeit sind wir imstande, im Infrarot- und Ultraviolettbereich zu sehen und Wärmemuster von Lebewesen wahrzunehmen, die sich im Raum befinden. Auch hat der Energiekörper in dieser Phase die Möglichkeit jenseits von Raum und Zeit zu reisen und kann dort hochschwingende Erfahrungen sammeln. Der Schleier der Illusion wird gelüftet und die Einheit mit der Quelle des Seins offenbart sich. Auch transzendentale Erfahrungen und Gefühle bedingungsloser Liebe können vermehrt erlebt werden.

Reise zur tiefen inneren Ruhe

In der heutigen Zeit steht vor allem der visuelle Kanal im Vordergrund. Die meisten Informationen aus der Umwelt nehmen wir über unsere Augen auf. Selbst wenn wir auf bestimmte Sinneseindrücke nicht explizit achten, gelangen diese Eindrücke in unser Unterbewusstsein, können dort zu Glaubenssätzen führen und unser Denken und Handeln nachhaltig beeinflussen. Wir werden, ob wir es wollen oder nicht, den ganzen Tag von Reizen gelenkt, die wir über unsere Sinneskanäle aufnehmen.

Natürlich ist das Sehen ein wichtiges Werkzeug, um uns in unserer komplexen Umwelt zurechtzufinden und durch den Alltag zu navigieren, doch die ganze Informationsflut führt allzu oft zu starken unbewussten Identifikationen, Vorurteilen, schädlichen Glaubenssätzen, usw. Letztlich vergessen wir, dass diese ständige Beschäftigung unseres Geistes uns davon abhält, unvoreingenommen mit uns selbst und unserer Umwelt zu kommunizieren.

Viele Menschen, die regelmäßig meditieren, streben einen Zustand an, in dem ihr Geist vollkommen ausgeglichen ist und sich nicht von Reizen der äußeren Welt ablenken lässt. Doch jeder der schon einmal meditiert hat, weiß, dass es durchaus eine ziemliche Herausforderung sein kann, diese äußeren Reize einfach weg zu meditieren. Einfacher ist eindeutig, das Ausschalten der Reize im Außen und dies geschieht bei einem Dunkelretreat ganz automatisch. Unser „System“ schaltet nach einigen Tagen in kompletter Dunkelheit überwiegend auf Nachtmodus um. Die Tiefe der Entspannung ist so enorm, dass manche Gäste berichten, sich noch niemals in ihrem Leben so entspannt gefühlt zu haben.

Ein Dunkelretreat ist eine Expressreise zur tiefen inneren Ruhe und daher eine echte Alternative zum Erholungsurlaub. Der komplette Reizentzug wirkt wie ein Katalysator für die Entspannung. Loslassen und nachhaltige Regeneration auf allen Ebenen tritt sehr schnell ein. Dunkelheit ist die magische Ur-Kraft, die hilft, uns persönlich und spirituell zu entwickeln. Geben wir uns ihr länger hin, erleben wir eine immer tiefer gehende heilsame Erfahrung mit unserem eigenen Selbst.

Selbsterfahrung als ganzheitliche Heilung

Je länger sich die Teilnehmer in der Dunkelheit befinden, desto mehr Schichten des Seins können durchdrungen werden, angefangen von konditionierten Identitäten als Mütter, Väter, Kinder, Freund, Feind, Lehrer, Dienstleister, Geschäftsmann, Gewinner oder Verlierer, bis hin zum innersten Selbst. Die Seele als Teil des göttlichen Ursprungs ist ewig, voller Wissen und voller Glückseligkeit. Sie wurde nie geboren und sie wird auch nie vergehen. Sie ist von ihrer Natur her immer spirituell angeschlossen und leidet deswegen nicht. Wenn wir Schmerzen in uns spüren, dann ist es entweder der Körper der leidet, die Emotionen oder der Geist, aber nie die Seele. Die Seele ist immer wahrhaftig. Sie ist rein und frei von jeglichem Schmerz.

Erfahren wir zum Beispiel im Rahmen eines Dunkelretreats unser eigenes Seelenlicht ganz bewusst, ist dies in der Regel eine tief transformative, äußerst heilsame Erfahrung, die das eigene Welt- und Selbstbild positiv verändert. Solch eine Erfahrung hilft vielen Menschen dabei, in die eigene Mitte zu finden, aus der sie Kraft für ihre Vorhaben schöpfen. Umfassend gestärkt hinterlässt dieses unbeschreiblich schöne Erlebnis tiefe Eindrücke und hilft vielen Gästen des Dunkelretreats unbeschwerter und losgelöster durchs Leben zu gehen.

Dunkelretreat

Erfahrungen unserer Gäste

Kai aus Nürnberg, Deutschland, 48 Jahre

Das erste Mal im Januar 2012 für 14 Tage
Das zweite Mal im März/April 2016 für 36 Tage

Seit meiner Jugend interessiere ich mich für Meditation und praktiziere sie. Mein erstes Buch darüber war damals der Klassiker „Hara, die Erdmitte des Menschen". Dann ging es weiter mit Patanjali. Die Faszination für den Schamanismus brachte mich letztendlich zum Dunkelretreat. Bei den Schamanen oder alten Druiden gibt es ein Ritual des Rückzuges in die Höhle. Ein Höhepunkt dieser Erfahrung war mein Aufenthalt in der Wendelsteinhöhle, Imbolc 2008, für acht Tage bei 4° Celsius. Meine Erfahrungen im Yoga halfen mir u. a. dabei, mit dem doch etwas frostigen Klima klar zu kommen. Diese Erfahrung war toll.

Zu meinen Wünschen und Vorstellungen gehörte beim ersten Retreat, dass ich weitere Erfahrungen mit der „anderen Wirklichkeit" machen wollte, beim zweiten Retreat hauptsächlich, Hanuman zu treffen. Ich hatte minimale Ängste, dass ich selbst negative Kräfte anziehen könne.

Auf das erste Dunkelretreat habe ich mich schon mit Ernährungsumstellung hin zum Vegetarismus vorbereitet.

Beim zweiten Retreat mit Hanuman-Mantra und Hanuman-Chalisa.

Ich habe im Dunkelretreat sehr viel erlebt. Im ersten Retreat war es eine leichte außerkörperliche Erfahrung. Dann sah ich meinen Schatten an der Wand, obwohl kein Licht da war. Ein Engel zeigte mir den Zustand von Glückseligkeit. Ein Zustand, der mich erwarten wird, wenn ich meine körperliche Hülle einmal komplett abstreifen werde. Symbolisch durfte ich durch einen Türspalt sehen und etwas davon fühlen. Es war absolut echt! Eine Begegnung mit Jesus als Bild mit Lamm im rechten Arm, das Kreuz im linken Arm gehalten und einen Heiligenschein über dem Kopf. Am Folgetag wies Er mich in tiefe Meditation ein und sprach vom stetigen Loslassen. Ich wusste nicht mehr, auf was oder ob ich überhaupt meditieren solle. Darauf sagte er, auch davon solle ich loslassen. Als ich wirklich nur saß, alle Gedanken geleert waren, hatte ich ein Satori-Erlebnis. Im Zen zielt man ja auch nicht direkt darauf ab, sondern „wartet", bis es spontan eintritt. Einher ging eine Kundalinierfahrung mit Wärme, Schwitzen usw. und in den nächsten Augenblicken bekam ich einen großen Segen. Die Umarmung der göttlichen Mutter Durga, auf die ich gar nicht fokussiert war. Ein weiterer großer Darshan kam etwa am 10. Tag. Ich wusste nichts von Darshan, was das in Sanskrit bedeutet und so, aber ich sah vor mir einen Yogi, wie das Negativ eines Kamerafilmes. Es war ja dunkel. Da saß ein Mann in weißem Umhang, den ich nicht kannte, als ich das Lichtmantra hörte. Ich hörte es nur so gerne, richtig gerne, wusste aber nicht warum. Es fühlte sich eben sehr gut an. Später erfuhr ich, was das für ein großer Segen war und wer Ramalinga Swami ist. Dieser hohe Yogi, der Lichtsamadhi erreicht hatte, kam zu mir.

Zum zweiten Retreat: Hier war ich vollkommen überrascht. Ich hörte ja wieder „mein" schönes Lichtmantra. Bereits am zweiten Tag hatten wir einen Stromausfall. Und rechts im Eck des Zimmers stand Hanuman. Das passte gar nicht ins „Konzept" Dunkelretreat und hat mich erstmal überfordert, bis ich es allmählich einordnen konnte. „So schnell können doch gar keine Erfahrungen da sein!" Er belehrte mich eines Besseren. Ich hörte Engel und Lichtwesen reden, wenn ich sie auch noch nicht sah. Es fing alles schnell an. Auf dem Bett saß ein Engel, Deva, Spirit. Keine Ahnung. Auf alle Fälle absolut positiv. Einmal hielt mir jemand meine Hand. Wie jemand, der mir vertraut ist, mich schon lange kennt. Irgendwann bat ich, etwas dezenter aufzutreten, weil ich sonst gar nicht mehr schlafen konnte. Dann ließ das alles etwas nach. Bei der Hanuman-Sadhana erschien mir Hanuman und verriet mir meine Lebensaufgabe.

Während meines ersten Retreats habe ich mich sehr ausgeglichen und glücklich gefühlt. Im zweiten Retreat hatte ich gemischte Gefühle, weil zu der Zeit drei Menschen in meiner Familie krank waren. Ich bekam aber immer wieder schöne Zeichen, weltliche und nicht-weltliche, sodass ich mich allmählich beruhigen konnte. Letztendlich war ich froh, dass alles besser wurde.

Irgendwann konnte ich es dann nicht mehr erwarten, nach Hause zu gehen, aufgrund der Umstände.

Mir persönlich hat das Dunkelretreat wieder eine Bestätigung gegeben, dass ich das Richtige im Leben tue, dass es echt ist und ich keinen Hirngespinsten nachjage. Es half mir bei Vergebung mir und anderen gegenüber. Meine Beobachterperspektive hat sich erweitert und sicher bin ich einiges weiser, aber auch spontaner geworden. Der innere Prozess, den ich in den Tagen im Dunkelretreat durchlebt habe, lief über Neugier, innere Ruhe halten, leichte Befürchtungsgedanken (was wäre wenn...) weiter zu Freude, Harmonie, hin zu innerer Stärke und mehr Selbstbestimmung, loslassen und das annehmen, was auch kommen mag.

Den Moment, als ich wieder „ans Licht gegangen" bin, habe ich wie das Eintauchen in eine „neue Welt" empfunden, weil ich sie mit anderen Augen gesehen habe. Ich lernte nicht festzuhalten an den hohen Erfahrungen, sondern sie, wie sie sind, mit ins Leben zu integrieren.

Innerlich und äußerlich in meinem Leben, konnte ich nach dem Dunkelretreat besser loslassen, aber auch leichter annehmen. Ob nun gut oder nicht so gut... die Dinge laufen lassen, hier und da auf die richtige Bahn bringen... Warum soll ich die Maus in der Trommel sein, die bei jedem Schlag von links oder rechts auf die andere Seite rennt. Selbst wenn der Berg Meru erzittern würde, hätte dies seinen Grund in der allweisen göttlichen Ordnung und ich habe mein Urvertrauen zurück. Die Kommunikation zum höheren Selbst und sogar zum spirituellen göttlichen Teil in uns, der als Spiritchakra angelegt ist, klappt seitdem auch recht gut.

Eine Dunkelretreat-Erfahrung würde ich allen empfehlen, die Selbstfindung praktizieren, egal auf welche Art und Weise, weil Themen, die uns binden, angesehen und gelöst werden können. Aktuell weiß ich noch nicht, ob ich selbst erneut ein Dunkelretreat machen werde. Vielleicht spontan irgendwann.

Martin aus Stuttgart, Deutschland, 35 Jahre

War im März/April 2013 für 10 Tage im Einzelretreat

Ich bin Martin, 35, Autor und Unternehmer aus Stuttgart. Als breit interessierter und weitgereister Mensch habe ich eine sehr eigene Art der Spiritualität entwickelt.

Dies war mein erstes Dunkelretreat und ich habe durch einen Freund davon erfahren, der das zuvor gemacht hatte. Sofort, als ich davon erfuhr, habe ich mich auch dafür entschieden, das durchzuführen. Zu meinen Wünschen und Vorstellungen gehörten einerseits Entspannung, Reizreduktion, Reise ins Innere, aber auch Lösungen für bisher unlösbare Probleme.

Mein Empfehlungsgeber hatte im Retreat sehr schwierige Erfahrungen gemacht. Da die Situation mit keiner bisher von mir durchlebten vergleichbar war, konnte ich nicht abschätzen, wie es mir ergehen würde. Bedenken waren also durchaus da. Ängste hatte ich keine, da es mir wichtig ist, mich selbst kennenzulernen und mit den Ergebnissen zu arbeiten, egal wie diese aussehen mögen. Meines Erachtens ist jede Selbsterfahrung eine gute, weil wichtige Erfahrung.

Ich hatte mir im Vorfeld eine Studie angeschaut, was längere Dunkelheit beim Menschen verursachen kann. Das sah nicht rosig aus. Also habe ich mir Strategien zurechtgelegt, um ein gewisses Maß an Kontrolle über die Situation zu behalten. Ein Ziel war es, den ausbleibenden optischen Reizen durch vermehrtes körperliches Training und Yogaübungen haptische Reize entgegenzusetzen. Des Weiteren war es mein Ziel, den Geist durch Meditation zu stärken. Ob das funktionieren würde, konnte ich aber nicht abschätzen.

Ich habe während des Dunkelretreat 4 Phasen durchlebt:

Tage 1 - 3: Entspannung bis zur Tiefenentspannung; lange, traumlose Tiefschlafphasen; mehr Schlaf als Wachsein; Sport, Yoga und Meditation während des Wachseins.

Tage 3 - 5: Intensive Träume, über die ich in den länger werdenden Phasen der Wachheit sinnierte. Intensive Selbsterfahrung; Abgleichung von Bewusstsein und Unbewusstem; Sport, Yoga und Meditation während des Wachseins.

Tage 5 - 7: Kurze Schlafetappen, langes Wachsein. Weitestgehend Verzicht auf Sport und Yoga, stattdessen Wechsel zwischen Meditation und Wachträumen. Das war mit Abstand die beste Phase. Ich habe vor meinem geistigen Auge eine Art Film ablaufen sehen, bei dem all meine Probleme aufgeführt und die Lösungen aufgezeigt wurden. Ich habe bewusst nichts tun müssen, alle Lösungen flossen mir aus dem Unbewussten zu und sie haben sich jedes Mal als absolut stimmig angefühlt. An der Umsetzung arbeite ich bis heute.

Tage 8 - 10: Vor allem geistige Ordnung der Erfahrungen aus der vorangegangenen Phase sowie Strategieentwicklung. Nach Phase 3 wollte ich gern in die Umsetzung gehen, aber Phase 4 war sehr wichtig, damit der Effekt nicht wie ein Sturm im Wasserglas verpufft.

Ich habe mich während der ganzen Zeit grandios gefühlt. Die 10 Tage im Dunkelretreat waren die beste Zeit meines Lebens. Anders als bei meinem Freund und Empfehlungsgeber war ich mit keinen schwierigen Situationen konfrontiert, was mich selbst gewundert hat. Stattdessen habe ich intensiv erfahren dürfen, welche wunderbaren Ressourcen in meinem Innersten verborgen sind.

Das Dunkelretreat hat mir persönlich eine recht umfangreiche Veränderung meiner Geisteshaltung in wichtigen Lebensbereichen gebracht. Die Erfahrung beschäftigt mich bis heute. Ich habe bereits vieles umgesetzt und meine Lebensrealität damit grundlegend verändert. In dem Moment, als ich wieder „ans Licht gegangen" bin, war ich sehr sensibel und habe vor allem die Stunden nach dem Dunkelretreat als eine Art seelische Beschmutzung durch meine Außenwelt empfunden. Eine Dunkelretreat-Erfahrung würde ich jenen Menschen empfehlen, die in sich ruhen und sich in ihrem Leben eine neue Dimension der Selbsterkenntnis erschließen wollen.

Stefan aus Mazotos, Zypern, 45 Jahre

War im Mai 2013 für 11 Tage im Gruppenretreat „Astralreisen und spirituelle Selbsterfahrung“

Ich bin Stefan, 45 Jahre jung und habe mittlerweile meinen Lebensmittelpunkt auf der schönen Sonneninsel Zypern gefunden.

Seit über 25 Jahren beschäftige ich mich mit persönlichem Wachstum, Spiritualität und Bewusstsein. In dieser Zeit habe ich durch stetige persönliche Weiterbildungen, diverse Ausbildungen und Coachings durchlaufen und mir ein umfangreiches Wissen zu den geistigen und universellen Gesetzmäßigkeiten erarbeitet, sodass ich immer mehr auch als Heiler und spiritueller Begleiter tätig sein darf.

Durch mein eigenes Dunkelretreat habe ich selbst die tiefe transformatorische, heilende Kraft dieser höchsten Form der Seelenarbeit im eigenen Leben erfahren dürfen. Im Dunkelretreat hatte ich die Möglichkeit, tief zu meinem wahren SEIN vorzudringen und mich mit meiner Seele zu verbinden.

Das war mein erstes Retreat im Dunkeln und erfahren habe ich davon durch Bharati selbst, die meinte, dass das jetzt mal dran und ganz gut für mich wäre. Meine Entscheidung für das Retreat fiel gleich nach dem ersten Dunkelretreat-Informationsgespräch mit ihr.

Zu meinen Wünschen und Vorstellungen, mit denen ich ins Dunkelretreat gegangen bin, gehörte auf der einen Seite unglaubliche Neugierde, was mich im Dunkeln wohl erwarten würde und was dort „passieren" möge und auf der anderen Seite, war es der tiefe Wunsch nach Heilung, Transformation und Klarheit für meinen zukünftigen Weg.

Zu meinen Vorbereitungen für das Dunkelretreat gehörte die Überlegung, was ich wohl alles so abkleben müsste (Rasierapparat...), wie ich es schaffe, mir Sprachmemos zu erstellen und wie ich in der Dunkelheit in mein spirituelles Tagebuch schreiben kann, wenn ich nicht sehe, wo ich schreibe. Ängste, Bedenken oder Unsicherheiten hatte ich allerdings nicht. Ich hatte mich mit vollstem Vertrauen darauf eingelassen und mich auch durch Bharatis Videos vorinformiert.

Zu Beginn meines Dunkelretreats habe ich zuerst einmal sehr ausgiebig geschlafen und Schlaf nachgeholt. Körper und Gehirn haben sich ganz langsam auf die Dunkelheit eingestellt. Ich habe sogar einmal das gemeinsame Mittagessen am zweiten oder dritten Tag verschlafen, was für mich ganz ungewöhnlich ist.

„ICH BIN EIN OM!" Habe ich wohl irgendwann mal gesagt, nachdem ich über eine längere Zeit das OM rezitiert und über mehrere Tage und Nächte die OM-Box in meinem Raum laufen hatte. Ich hatte mich vollkommen verbunden und schwingend in diesem kosmischen und heiligen Urlaut wahrgenommen. Bereits am zweiten oder dritten Tag fing ich an, Lichter zu sehen. Ich kam mir vor, als wenn ich in einer Höhle liegen würde und würde das Höhlengewölbe über mir sehen. Die Lichter waren erst wie einzelne Punkte, bis hin zu Flashlights und einem Dämmerlicht an der gewölbten Höhlendecke. Am achten oder neunten Tag, konnte ich im Bad für ganz kurze Zeit meine Hand sehen. Dann hatte ich die Gelegenheit, mir mein komplettes bisheriges Leben, bis zu meinem dritten Lebensjahr anzusehen. Ich konnte alle prägenden Stationen in meinem Leben sehr bewusst durchlaufen und sie mir nochmals ganz genau ansehen. Teilweise habe ich mich während des Dunkelretreats sehr geborgen gefühlt und vertraut, dann aber auch manchmal alleine. Ich denke, dass sich in dieser Zeit mein Ego auch immer mehr verabschieden durfte.

Mir persönlich hat das Dunkelretreat mehr Klarheit und Bewusstheit gebracht. Ich bekam die Bestätigung, dass wir alle eine Seele auf einer Erdenreise sind und dass wir alle eine Seelenaufgabe zu erfüllen haben, weswegen wir hier in dieses Leben gekommen sind. Der innere Prozess, den ich in den Tagen im Dunkelretreat durchlebt habe, hat mich mehr und mehr zu meinem wahren Selbst geführt, mich unglaublich entschleunigt und runter gefahren. Meinen Ängsten bin ich noch näher gekommen und konnte diese dann auch nach dem Aufenthalt im Dunkelretreat komplett transformieren und heilen.

Der Moment als ich wieder „ans Licht gegangen" bin, war einzigartig und einfach ein unglaubliches Erlebnis, das man auch nur beim ersten Mal, nach seinem ersten Dunkelretreat, haben kann. Unglaublich intensive Farben in der Natur. Das Gänseblümchen hat mich förmlich angesprungen und es war so eine Wohltat, die wärmenden Sonnenstrahlen auf meiner Haut und auf meinem Gesicht zu spüren.

Eine Dunkelretreat-Erfahrung würde ich jedem empfehlen, der sich auf dem spirituellen Weg befindet und sein wahres Selbst und Sein kennenlernen möchte, jedem der Urlaub von seinem Leben machen und sein wahres Selbst erfahren möchte. Ein Dunkelretreat ist die höchste, intensivste und schnellste Art und Weise der persönlichen Bewusstwerdung.

Aktuell würde ich als nächstes Dunkelretreat gerne den 49 Tage Prozess durchlaufen.

Uwe aus Bonn, Deutschland, 56 Jahre

War im September 2013 für 21 Tage im Einzelretreat

Ich bin Diplom-Sozialpädagoge mit Zusatzqualifikation und war 25 Jahre Fachtherapeut in der Kinder- und Jugendpsychiatrie. Danach war ich in eigener Praxis tätig. Ich gebe psychologische Beratungen, Coachings und Hypnosen und bin Gründungsmitglied der Kunstwerk KHB e.V. Meine Spiritualität lebe ich als Diamantenweg-Buddhist.

Meine Meditation und die Suche im Internet ebneten mir den Weg zu meinem ersten Dunkelretreat. Als dieser Impuls in mir Aufstieg, entschied ich mich für diese Erfahrung. Ich nahm mir vor, mindestens 21 Tage in kompletter Dunkelheit zu verbringen. Begleiten wollte ich meinen Prozess durch Heilfasten mit Wasser und Cassia Fistula. Ich beschloss die Kontakte im Retreat auf das Minimum zu beschränken und stellte mir vor, dass die Vollisolation wohl die beste Variante für mich sei. Schließlich brauchte ich Ruhe, um meinen eigenen Geist, die eigene Psyche zu erforschen. Ja, ich hatte meine Erwartungen. Ich fühlte mich inspiriert, bestimmte Meditationspraktiken zu erreichen und mich mit meinen Ängsten zu konfrontieren. Einen rituellen Abschluss eines

Lebensabschnittes samt Neustart, wünschte ich mir von dieser besonderen Zeit. Ich wollte mich bewusst an den eigenen Wesenskern anbinden und die innere sowie äußere Heilkraft stärken. Das waren meine Vorstellungen für das bevorstehende Dunkelretreat gewesen.

Bei der Planung des Retreats kam es bereits zu starken Herausforderungen. Aus dem beruflichen Umfeld der Psychologen kamen kritische Bedenken und auch andere Menschen, die mir bei solchen Angelegenheiten zur Seite standen, stellten meinen Entschluss auf eine harte Probe. Ich wurde immer wieder auf mich zurückgeworfen und war letztendlich auf mich selbst gestellt. Diese Tiefe, die ich bereits im Vorfeld erlebte, war eine sehr bereichernde und stärkende Erfahrung.

Eine gezielte Vorbereitung auf das Dunkelretreat hatte ich nicht durchgeführt. Meine Praxis in christlicher und buddhistischer Meditation und einige extreme Zeiten des Rückzugs dienten mir jedoch bei der richtigen Einschätzung meiner Fähigkeiten. Ich hatte schon einige Erfahrungen in Isolationstanks nach John Lilli gemacht und dort erfahren, wie ein Gehirn unter stark reduziertem Reizinput reagieren kann. Jährliche Fastenzeiten bis zu 40 Tagen gehörten zum Routineprogramm. Für mich fühlte sich der Schritt in die Dunkelheit als ganz natürliche nächste Station auf meinem Lebensweg an. Nach den oben angeführten Herausforderungen bin ich jedoch noch einmal ganz tief in mich gegangen und habe erforscht, ob dieser Schritt jetzt angesagt ist und was meine Beweggründe dafür sind.

Im Dunkelretreat habe ich Stille erlebt. Gefühlt habe ich drei Tage, scheinbar tief und traumlos, nur geschlafen. Die Dunkelheit erlaubte es mir, ganz bei mir Selbst anzukommen. Nach einiger Zeit stellten sich Halluzinationen ein und dann fand ich mich wieder in einem Raum aus Stille. Erstaunlicherweise gab es auch Phasen der Langeweile, die sich mit bewegter Stille und einem Gefühl von Geborgenheit abwechselten. In dieser Dunkelheit und Fülle durfte ich mein inneres Licht wahrnehmen. Meine Träume waren im Dunkelretreat sehr bewusst. Ich erlebte spürbare Visionen und ging auch durch schmerzhafte, körperliche Reinigungen. Und da war sie wieder diese Stille. Ich nutzte die Zeit, um tiefe Entschlüsse zu fassen.

Im Großen und Ganzen hat sich die Dunkelheit auf weiten Strecken recht angenehm angefühlt. Schließlich war ich ja in guter Gesellschaft! Ich konnte während meines Dunkelretreats tatsächlich meine meditative Praxis stärken und mehr innere Zentrierung finden. Ich war einfach an das Sein angebunden und arbeitete am Thema des spirituellen Stolzes. Nach einiger Zeit machte ich Bekanntschaft mit hinduistischen Energiefeldern und Lehren. Das empfand ich als enorm großen Segen für meine Arbeit mit Menschen auf Augenhöhe. In einigen Bereichen erfuhr ich eine unerwartet bodenständige Spiritualität, die sich in den Alltag integriert hat. Ein

Gefühl aus Dankbarkeit und bedingungsloser Liebe durchströmte meine Zellen. Ich fühlte mich gegenwärtig, vermutlich allerorts - „Jetzt".

Beim erneuten Eintritt in das Licht, nach dem Retreat, fühlte ich mich wie ein betrunkener Seemann, der bei Windstärke 11 durch den Garten taumelt. Meine Körperkoordination brauchte ein wenig, um sich zu stabilisieren. Ich genoss fasziniert das von der leichten Brise bewegte Gras und diese wundervollen kleinen Blüten, so weiss, so grazil, so schön. Dann setzte ich mich doch lieber hin und verweilte im Augenblick, bei gleichzeitiger Innenschau und dem sicheren Gespür dafür, dass das Gehirn auf Hochtouren läuft und Höchstleistungen vollbringt. Das war ein sehr intensives Erlebnis nach drei Wochen Dunkelheit. Wenn ich Zeit und Geld aufbringen kann, werde ich wieder gerne ins Dunkelretreat gehen.

Sieglinde aus Cham, Schweiz, 60 Jahre

War im November 2013 für 10 Tage im Einzelretreat

Mittlerweile kann ich auf erfolgreiche 27 Jahre als Trainerin und Bewusstseinsforscherin zurückblicken. Eltern, Partner, Kinder, Freunde, Lehrer und Leere waren stets meine Erfüllungsgehilfen. Sie haben stets stellvertretend die Unterstützung weitergegeben, welche das universell Göttliche in jedem Moment schenkt. Ich nehme jeden Tag aufs Neue die Herausforderung an und der tägliche Lehrer ist das Leben und die Begegnung mit mir.

Schon einige Jahre zuvor hatte ich durch einen Bekannten von sogenannten Dunkelretreats erfahren. Nach jahrelanger Selbsterforschung kam mir die Dunkeltherapie als Hilfe und Unterstützung für mehr Klarheit, einer tieferen Wahrnehmung und zur Erfahrung der Essenz gerade richtig. So habe ich mich für diese Erfahrung entschieden. Ich hatte keine besonderen Wünsche und Vorstellungen, sondern habe mich einfach darauf eingelassen. Ich hatte keine Ängste oder Bedenken, sondern nur meine Freude. Für mich war alles sehr sicher. Zur Vorbereitung auf das Dunkelretreat gehörte Freude auf eine Zeit des Ruhens und der

Begegnung mit meiner inneren wahren Natur sowie Offenheit und Neugier für die Selbstentdeckung.

Vom ersten Moment an in der Dunkelheit, leuchtete über meinem Kopf ein kugelförmiges, blaues Licht. Ich war sehr entspannt. Dieses Licht dehnte sich jeden Tag größer im Raum aus, so wie im Mondlicht ein Raum erstrahlt. Das begleitete mich durch das ganze Dunkelretreat. Am vierten Tag war absolute Dunkelheit. Die Dunkelheit bewegte sich wie eine schwarze Wulst von der Decke immer weiter nach unten. Ich konnte gefühlsmäßig nicht stehen, ging gebückt zur Toilette, bis ich letztlich nur noch am Boden dahin gekrochen bin. Und ich fror ganz entsetzlich. Am fünften Tag war der Spuk wieder vorbei. Ich nahm Ruhe und sanftes Mondlicht im Raum wahr.

In den Nächten hatte ich Träume. Unendlich viele verschiedene Träume. Ein Traum war besonders eindrücklich und nachhaltig. Es erhängte sich eine Person am Luster einer großen Empfangshalle. Als ich diese erkannte, hörte ich gleichzeitig eine Stimme: „Das ist ein Riesen-Ego-Aspekt von Sieglinde" - er durfte jetzt sterben. Das war ein Freudentag! Ich lag regungslos im Bett und war hellwach. Gleichzeitig konnte ich mich in vielen Ebenen sehen, so wie durch einen dichten Nebel in andere Welten. Tagsüber gab es manchmal Phasen von Langeweile, vorwiegend jedoch war ich beschäftigt mit meiner Traumanalyse. Es gab immer wieder Lichterscheinungen, Lichtblitze. Beachtenswert war auch, dass es während der Toilette im Bad immer silbern hell war.

Meine Gefühle während des gesamten Retreats waren wie auf einer Hochschaubahn. Es war alles dabei. Ich hatte jedoch auch immer eine gewisse Zeitorientierung durch die Kirchenuhr im Dorf, was für mich gefühlsmäßig sehr angenehm war. Mir hat das Dunkelretreat tiefe Selbsteinsichten, kristallklare Visionen und Erfahrung von Leerheit gebracht. Gedanken und Gefühle gehören dem Körper, aber nicht meinem wahren Wesen. Während der Zeit in völliger Dunkelheit ist meine äußere Ich-Identität zurückgetreten, einfaches Sein war da.

Nach dem Retreat ging's zurück ans Licht. In diesem Moment fühlte ich mich geblendet und äußerst lichtempfindlich. Die Farben strahlten hell und kräftig und alles bewegte sich unter meinen Füßen. Alles lebte. Ich trat von der Wiese auf das Pflaster, um unter meinen Füßen nichts zu verletzen. Das war ein großer Moment. Ich war sehr ergriffen und berührt.

Das Dunkelretreat war das Ende der Dunkelheit, des Dämmerschlafes und des Leidens. Für mich ist die Dunkeltherapie eine Form der Selbsterfahrung, Selbsterforschung und Selbsterkenntnis. Neugierige und Interessierte sollten eine stabile, physische und seelische Verfassung mitbringen, um die Erfahrungen in der Dunkelheit auch gut zu verarbeiten. Es treten Phasen der Leerheit ein. Sein ohne Geschichte.

Elena, aus Deutschland

War im Juli 2014 für 10 Tage im Dunkelretreat

Als ich das erste Mal von einem Dunkelretreat hörte, war ich total entsetzt, dass es so etwas überhaupt gibt. Dann bekam ich zutiefst Mitgefühl mit dem Freund, der mir davon berichtet hatte. Mein Gedanke war einfach der, dass ich dachte: „Wie schlimm muss es im Leben zugehen, dass man sich freiwillig so etwas antut?“ Ich war entsetzt, hatte jedoch Respekt und jede Menge Mitgefühl für die Menschen, die diese Erfahrung im Dunkelretreat überhaupt suchen. Dass ich das eines Tages selbst machen würde, hätte ich mir an der Stelle nicht vorstellen können - weshalb auch? Ich muss allerdings auch sagen, dass ich schlichtweg Angst vor der Dunkelheit hatte. Allein wenn mir jemand versehentlich das Licht ausschaltete und ich mich in einem dunklen Raum befand, hatte mich das schon in Unruhe versetzt.

Zirka 2 Jahre nachdem ich von einem Dunkelretreat gehört hatte, war ich selbst für 10 Tage in kompletter Dunkelheit. Ich habe das gemacht, weil ich auf der Suche nach Klarheit und Lösungen zu bestimmten Themen in meinem Leben war. Mir war es wichtig, mir dafür die Zeit zu nehmen, mich diesen Themen in der Stille zu nähern. Fernab von der Reizüberflutung, den Fokus nach innen gerichtet, hatte ich die Chance gesehen, auf den Grund der Themen zu blicken und damit einfach auch zu sein. Ich suchte die Harmonie und die Stille.

Ganz klar durchlebte ich auch Ängste, Vorurteile kamen ein paar Tage vor dem Dunkelretreat sehr intensiv auf. Auch später im Retreat überkam mich die Unsicherheit vor den Erfahrungen, die einem völlig neu sind. Wenn ich an die Vorbereitungszeit für das Retreat denke, dann kann ich sagen, dass ab dem Tag der Anmeldung noch ein gewisser innerer Prozess einsetzte. Diverse Fragen und Bedenken drängten sich auf. Selbstverständlich recherchiert man dann mehr und liest sich Berichte durch. Es sind ja auch Ängste vor der Ungewissheit mit im Spiel. Mit dem Freund, der das schon mal gemacht hatte, nahm ich noch mal Kontakt auf. Irgendwie gab mir das innere Ruhe, schließlich hatte er das ja auch überstanden.

Im Dunkelretreat selbst habe ich dann erlebt, dass es einfach hell wurde. Ein inneres Licht ist angegangen. Ich hatte ein Erlebnis, in dem ich erfahren durfte, dass ich geborgen und beschützt bin. Ich habe heute noch das Bild vor Augen. Es waren insgesamt viele Erkenntnisse, innere Prozesse, Emotionen... das muss man einfach selbst erleben. Im Dunkeln hatte ich das Empfinden, alles an Gefühlen zu erfahren, was ein Mensch nur fühlen kann. Hier war einfach alles dabei.

Mich persönlich hat das Dunkelretreat in meinem Wesen gestärkt. Danach wusste ich umso mehr was das, was ich fühle, ist. Das Mitgefühl und die Selbstliebe für mich selbst und auch für meine Mitmenschen ist gewachsen. Meine Wahrnehmung hat sich verbessert. Alle Sinne haben regelrecht eine Heilung erfahren. Das Leben an sich wird nun von mir ganz anders wahrgenommen. Ich habe nach dem Dunkelretreat besser gesehen, besser gefühlt, besser geschmeckt, besser gerochen und auch besser gehört. Das ist eine echte Verbesserung der Lebensqualität.

Der Moment als ich wieder ans Licht gegangen bin, war einfach überwältigend. Das kann man kaum in Worte fassen. Als ich beim Dunkelretreat ankam und meine Betreuerin mir erzählte, wie sehr sich doch die Leute über die Schönheit des Gartens nach dem Retreat erfreuen würden, musste ich zu meiner Schande gestehen, dass ich den Garten zwar nett fand, aber nicht weiter in Euphorie ausbrechen konnte. Und plötzlich komme ich dann nach 15 Tagen Dunkelretreat ans Licht, sehe diesen Garten und mir kommen die Tränen vor Überwältigung der Schönheit von allem, was mein Auge erfassen kann. Ich stand gefühlte zwei bis drei Stunden regungslos da und konnte mich vor Ehrfurcht des Augenblicks nicht bewegen. Wir hatten Frühling und zudem noch Vollmond. Ich ging in der Dunkelheit kurz vor Sonnenaufgang hinaus in den Garten. Die Wolken hatten die schönsten Motive von Tieren wie Pferden. Beispielsweise habe ich noch in guter Erinnerung, wie sich immer wieder aufs Neue faszinierende Bilder formten. Ich konnte gar nicht glauben, was ich da sah. Ich hatte das Gefühl, vor dem Dunkelretreat völlig blind gewesen zu sein. Dabei trage ich nicht einmal eine Brille und die Augenärzte diagnostizierten meine Sehstärke auf über 100%. Dieser Augenblick machte mich sehr demütig. Ich hätte mich am liebsten dafür entschuldigt, dass ich das schlichtweg nicht gesehen habe. Nur, wer oder was hätte meine Entschuldigung empfangen sollen? Ich, das Leben, die Spirits, das Universum, Gott oder die Engel? Wie dem auch sei, mir kamen die Tränen. Je heller es draußen wurde, desto mehr leuchteten die Farben der Gräser und Blumen überall um mich herum. Es waren alles neonleuchtende, vermalte Wunder der Natur. Immer noch überwältigt und regungslos, dachte ich einfach nur: „Gott, ist das schön...“. Ich lebe in dieser faszinierenden Welt voller Schönheit. Ich liebte einfach alles, was ich sah und war beeindruckt von der Einzigartigkeit und der überwältigenden Schönheit von allem. Ich hätte gar nicht auf die Idee kommen können, an der Stelle irgendetwas verändern zu wollen. Es war bereits alles perfekt oder unperfekt schön.

Die Dunkelretreat-Erfahrung hat mein Leben dahingehend verändert, dass meine Sinne eine Heilung erfahren haben. Ich kann viel mehr Liebe geben und empfangen. Die Erfahrung im Retreat weckte in mir Demut vor der Natur und dem Leben an sich. Dadurch habe ich das Gefühl verständnisvoller, gelassener, geduldiger und toleranter geworden zu sein.

Dreschu aus Berlin, Deutschland, 67 Jahre

War im September 2014
für 14 Tage im Einzelretreat

Ich bin 67 Jahre alt, Witwer und habe zwei Töchter. Als Kind bin ich in Ost-Berlin aufgewachsen und im Westteil zur Schule gegangen. Danach folgte das Abitur und ein Studium der Raumfahrttechnik. Parallel dazu begleitete mich Yoga und Meditation. Danach kamen die Wilhelm-Reich-Initiative, Körpertherapien, Bhagwan und Selbsterfahrungsgruppen in mein Leben. Nach Abschluss meines Studiums wurde ich Software-Entwickler. Heute bin ich bereits im Rentenalter, jedoch immer noch im IT-Bereich tätig. Was mich schon ein Leben lang umtreibt ist, den Spagat zwischen Arbeitswettbewerb samt Familienleben und die Wahrnehmung für die spirituelle Seite der Realität hinzubekommen und dabei die Spiritualität auch noch weiter zu entwickeln.

Dies war mein erstes und bisher einziges Dunkelretreat und ich habe eher zufällig über YouTube davon erfahren. Als ich das erste Mal in der Zeitschrift Esotera in einem Artikel von Holger Kalweit davon hörte - das muss ca. 20 Jahre her sein - war mir klar, dass ich diese Erfahrung machen will. Es hatte aber die ganzen Jahre nicht geklappt. Erst als ich direkt über ein Angebot eines Dunkelretreats stolperte, realisierte ich endlich die damalige Entscheidung. Wünsche hatte ich keine, ich war neugierig, wie ich mit so einer Situation umgehen und was alles dabei auf mich zukommen würde. Ich fand es verlockend und spannend. Auch Ängste und Bedenken hatte ich nicht. Es war die Erfüllung eines schon sehr lange gehegten Wunsches. Unsicher war ich in Bezug auf das mich erwartende Unbekannte. Ich habe mich nicht wirklich auf das Dunkelretreat vorbereitet, außer nochmals vorher ein paar Meditationen zu rekapitulieren.

Die ersten drei Tage im Dunkelretreat habe ich viel und lange geschlafen. Dann setzten die Träume ein. Ich konnte mich nach dem Aufwachen an immer mehr Einzelheiten erinnern und an bis zu fünf verschiedene Träume pro Nacht. Darunter waren interessanter Weise auch Träume, die mir zukünftige Ereignisse zeigten. So träumte ich beispielsweise von Edward Snowden und davon was ihm noch passieren würde, oder auch von zukünftigen Ereignissen der Firma des Dunkelretreat-Betreuer-Teams. Wie ich später erfuhr, habe ich auch ein paarmal von den gleichen Themen geträumt, mit denen sich meine Zimmernachbarin im Zuge ihres eigenen Dunkelretreats gerade beschäftigte.

Dann hatte ich einmal eine Vision, in der ich oberhalb eines verschneiten Dorfes, vermutlich des Himalayas, saß und meditierte. Das Zimmer war verschwunden und ich konnte die Landschaft in alle Richtungen betrachten. Eine unglaublich friedliche Szenerie absoluter Ruhe. In einigen der kleinen Häuser war Licht zu sehen. Alles war in Schnee gehüllt. Nach einiger Zeit schloss sich mein Blick in das Tal wieder wie ein Fächer, der zusammengeschoben wird und ich war zurück in meinem Zimmer.

Einmal erschien mir im Raum eine sehr große weibliche Gestalt mit blauer Hautfarbe. So ähnlich wie im Film Avatar, aber indisch aussehend. Sie baute sich vor mir ziemlich machtvoll auf, nicht bedrohlich, sondern sehr imposant. Dann war sie aber auch schon wieder verschwunden. Ein beeindruckendes Erlebnis war, als ich nach einer Woche durch die Wand im Gang zum Bad hindurchsehen konnte. Die feste Mauer erschien mir dabei wie eine Art Lattenzaun mit Zwischenräumen, durch die ich in den angrenzenden Raum hineinsehen konnte. Das Ganze war wie in Mondlicht getaucht, aber nur visuell vorhanden. Zu ertasten waren die Latten nicht. Dann musste ich feststellen, dass das Durchsichtige in Bezug auf die wirklichen Verhältnisse auch etwas verschoben war. Meine reale Zimmertür befand sich neben der Scheintür, durch die ich gerade gehen wollte und deshalb voll gegen die massive Wand lief.

Während des Dunkelretreats fühlte ich eine tiefe Ruhe und Zufriedenheit. Der perfekte Urlaub. Um die Verpflegung musste ich mir keine Gedanken machen und konnte alles Mögliche einmal richtig zu Ende denken. Ich war endlich mal raus aus dem täglichen Stress. Herrlich.

Das Dunkelretreat hat mir ermöglicht einmal vollständig zur Ruhe zu kommen. Ich hatte das Erlebnis, den Vorhang etwas gelüftet und kurz dahinter gesehen zu haben und erkannte, welche Potentiale in mir selbst stecken. Ich konnte in erster Linie immer mehr die Ruhe genießen, das „Nichts machen zu müssen". Ich konnte loslassen und innerlich völlig entspannen. Gerne wäre ich noch eine Woche länger geblieben, aber leider war der nächste Dunkelretreat-Gast schon im Anmarsch.

Nach zwei Wochen Dunkelheit bin ich auf Anraten meiner Dunkelretreat-Betreuerin Bharati bereits am Abend vor dem letzten Tag das erste Mal wieder nach draußen gegangen. Ich konnte so langsam und behutsam die Augen wieder an das Sehen gewöhnen. Überraschend war dann, dass alle weißen Lichter, wie die der Straßenlaternen, einen kräftigen Stich ins Ampelgrün hatten. Wenn ich meinen Arm ansah, schien es, als ob er sich ständig ruckartig hin und her bewegen würde, obwohl er gefühlt ruhig auf der Stuhllehne lag. Auch die sich am Nachthimmel bewegenden Flugzeuge flogen nicht wie gewohnt auf einer geradlinigen Route, sondern es war alles sprunghaft. Nicht nur vorwärts, sondern auch immer wieder ein Stück zurück. Ich nahm keine kontinuierliche Bewegung wahr, weder bei meinen Armen und Händen noch bei den Flugzeugen. Sehr merkwürdig.

Bemerkenswert war auch am nächsten Morgen, dass mich das innere Strahlen der Pflanzen, wenn ich aus dem Fenster sah, total blendete. Alles, nicht nur die

Blüten sondern auch die Blätter strahlten in extrem starken Neonfarben. Ich musste immer wieder die Augen schließen, um nicht völlig von der Pracht überwältigt zu werden. Die Intensität der Strahlkraft war schlicht nicht ohne Pause auszuhalten. Eigentlich hatte ich vor am nächsten Tag zurück zu fahren, aber mir wurde jetzt bei geöffneten Augen so schwindlig, dass ich es mir nicht mehr zutraute und mir noch einen zusätzlichen Tag zur Rückkehr ins Licht nehmen musste.

Rückblickend kann ich sagen, dass ich durch die Zeit im Dunkelretreat irgendwie innerlich zur Ruhe gekommen bin. Mein äußeres Leben hat sich aber nicht verändert.

Ich persönlich finde das Dunkelretreat ist für jeden empfehlenswert, der Interesse am Außergewöhnlichen hat und sich nicht scheut, auch überraschende Erfahrungen zu machen. Allerdings sollte ein Dunkelretreat-Gast eine gewisse innere Stabilität mitbringen. Menschen, die gewohnt sind, sich in erster Linie über das „Nach-Außen-orientieren" zu erfahren, dürften Probleme haben, wenn sie im Retreat plötzlich nur auf sich selbst zurückgeworfen werden. Ein gewisser Reichtum an innerem Leben wird nützlich sein.

Nach diesen Erfahrungen im Dunkelretreat kann ich mir vorstellen, ein Dunkelretreat auch allein ohne Betreuung zu machen. Das werde ich auch irgendwann mal durchführen. Im Augenblick liegt mein Schwerpunkt aber darauf, in Kanada Fuß zu fassen.

Sabine aus Sasbachwalden, Deutschland, 58 Jahre

War im September 2014 für 6 Tage im Einzelretreat

Ich bin Sabine, geboren in Norddeutschland. Ich durfte die Entwicklung von Bharatis Dunkelretreats vom Anbeginn miterleben und begleiten. Als Bharatis Assistenz bei der Betreuung erfuhr ich von den spannendsten, intensivsten, tiefgreifendsten und sogar das Leben verändernden Transformationserlebnissen der Gäste, also war klar: Das will ich auch! Ich wollte selbst erleben, wovon ich vorher nur gehört hatte und erfahren, was ein Dunkelretreat mit mir macht. Außerdem war es für mich sehr wichtig zu spüren, wie man sich im Dunkelretreat und vor allem auch danach fühlt, um unsere Gäste noch besser betreuen zu können.

Ängste, Bedenken oder Unsicherheiten hatte ich überhaupt keine und ich habe mich gar nicht besonders vorbereitet. Mit allem Organisatorischen war ich sowieso vertraut, lebte schon lange vegetarisch und habe einfach abgewartet, was kommt. Ich hatte mir ein Diktiergerät mitgenommen, um Erlebnisse oder Erfahrungen direkt dokumentieren zu können und das war im Nachhinein sehr hilfreich.

Im Dunkeln angekommen, konnte ich auf der Stelle abschalten. Ich habe erst einmal 2 ½ Tage fast nur geschlafen, zwischendurch kurz die Augen geöffnet, gesehen: „Aha! Es ist noch dunkel“ und weg war ich wieder. Zwischendurch hatte ich mehrere interessante Erlebnisse, die sich mehr wie Erlebnisse im Astral und weniger wie ein Traum anfühlten:

Ich schaute zum Fenster an der Wand hinter meinem Kopf hoch und sah, dass die schwarze Abklebung sich ein Stück gelöst hatte, so dass dort Licht hinein kam. „Mist“, dachte ich, da ich das selbst vorher überprüft hatte. Ich war aber zu träge, das sofort zu fixieren und dachte, „wenn ich beim schlafen die Augen geschlossen habe, ist es ja sowieso dunkel. Ich kleb' das später wieder fest“. Gedacht - getan! Als ich dann aber irgendwann aufwachte und mich mit geschlossenen Augen zum Fenster hochtastete, da war - welche Überraschung - alles an seinem Platz und das Fenster war total dicht.

Sehr spannend war eine telepathische Erfahrung, bei der ich hörte, wie Bharati etwas über einen Termin, den sie vereinbaren musste, zu jemandem sagte. Das ging natürlich eigentlich nicht, weil sie sich am anderen Ende des Hauses befand. In unserem Gespräch später bestätigte sie dann jedoch, dass sie das tatsächlich so besprochen hatte.

Auch etliche Licht-Erlebnisse, fand ich sehr spannend. Manchmal wurde es vor mir hell, wie ein Nebel und ich schaute, ob hinter mir das Fenster offen war, aber dort kam nichts herein und jedesmal, wenn ich den Nebel fixieren wollte, dann war er verschwunden. Einmal blendete mich im Badezimmer mehrere Minuten lang ein sehr heller Lichtspot.

Mehrmals träumte ich, dass ich im Hellen durch das Haus lief und ich dachte: „Schnell wieder zurück ins Zimmer, darf doch keiner mitkriegen, dass ich hier draußen rumlaufe“ oder dass in meinem Zimmer ganz viele Leute eine Party feierten. Zu denen sagte ich: „Ey Leute, könntet ihr mal verschwinden? Ich bin doch im Dunkelretreat“ und ich versuchte, meine Schlafmaske aufzusetzen, aber die war leider durchsichtig. Voll lustig! In einem anderen Erlebnis habe ich mit einer Kollegin geschimpft, weil sie die Fenster nicht richtig abgeklebt hatte.

Das beeindruckendste war mein Besuch in der Akasha-Chronik, bei dem ich Informationen aus früheren Leben und meiner Beziehung zu Menschen im jetzigen Leben erhielt. Für einige der Infos aus der Stadt Worms, fand ich tatsächlich im Internet Belege.

Die täglichen Gespräche mit Bharati haben mir viele Einsichten gebracht, wie ich mit manchen Prozessen umgehen kann. Unter anderem die innere Einsicht, dass jedesmal, wenn ich eine Zwiebelschicht transformiert habe, die nächste auf Erlösung wartet. Das Wichtigste war auf jeden Fall, dass ich die Stille - mal nicht sprechen, telefonieren, agieren zu müssen - noch mehr zu schätzen gelernt habe. Der Vorsatz, 1 x pro Woche einen Schweigetag einzulegen, ist allerdings im Ansatz stecken geblieben - leider.

Sehr intensiv und beeindruckend war der Moment, als ich wieder ans Licht kam. Es war Vormittag und heller Sonnenschein. Die Farben der Blumen waren extrem bunt und ich konnte mich gar nicht satt sehen. Mir war danach etwas schwindelig und ich wollte mich wieder hinlegen. Gern hätte ich mehr Zeit gehabt, um langsam in den Alltag zurück zu finden, aber leider musste ich sehr rasch wieder an die Arbeit, weil ich ganz kurz danach selbständig einen amerikanischen Gast betreuen durfte.

Ich konnte viele Reaktionen der Gäste anschließend besser verstehen. Keinen Moment musste ich überlegen, ob ich die Dunkelretreatbetreuer-Ausbildung mitmachen würde, denn schon zu der Zeit war mir ziemlich klar, dass das zu meinem weiteren Lebensweg gehören würde. Jedem Menschen, der auf der Suche nach seinem inneren Kern ist, Sehnsucht hat nach spiritueller Entwicklung oder auch einfach nur jenseits aller äußeren Einflüsse zu sich kommen, mit sich selbst kommunizieren möchte, kann ich die Dunkelretreaterfahrung wärmstens ans Herz legen.

Benergy aus Aachen, Deutschland, 38 Jahre

War im Januar 2015 für 10 Tage im Einzelretreat

Hallo, ich bin Benergy! Ich habe das Dunkelretreat zu Beginn einer 6-monatigen Sabbat-Phase absolviert. „Eat that frog", dachte ich zunächst, ich wollte das an den Anfang meiner beruflichen Auszeit legen, da ich vor der Dunkelheit doch einigen Respekt hatte. Schließlich war es mein erstes Retreat in völliger Dunkelheit. Ich hatte Lust, mich dieser Erfahrung zu stellen und wollte einfach wissen und erleben, was es mit mir macht. Gerade zu Beginn meiner Auszeit hatte ich die Vorstellung, in kurzer Zeit das Alte loszulassen und mich neuen Erfahrungen zu öffnen. Auch hatte ich einige Themen mitgebracht, für die ich Heilung suchte.

Ich hatte im Vorfeld etwas Angst vor dieser Dunkelheit. Die Vorstellung an diese Zeit erinnerte mich an das unsichere Gefühl als Kind, in den dunklen Keller zu gehen und ein Glas Pflaumen zu holen. Den Dunkelretreat Raum kannte ich ja schon von meinem Aufenthalt im Seminarhaus zu Silvester. Das war dann aber auch schon die einzige Vorbereitung die ich traf.

Endlich im Dunkelretreat angekommen habe ich meinen Körper sehr intensiv gespürt, was nicht besonders angenehm war. Durch Yoga und Meditation ist es aber immer besser gegangen. Die Dunkelheit war, als sie dann da war, überhaupt kein Problem. Auch hatte ich diesbezüglich keine Ängste. Vorher hatte ich überlegt, wie groß wohl die Versuchung sein würde zu mogeln. Das Fenster zum Lüften des Raumes habe ich ja jeden Tag selbst geöffnet, dabei ist natürlich Licht in das Zimmer gekommen. Eine Augenklappe hat verhindert, dass das Licht von Außen durchdringt. Ich fand es sehr entlastend, dass ich gar keine Lust hatte zu mogeln, sondern in der Dunkelheit bleiben wollte. Die Meditationen waren sehr tief, ich bin weit in andere Welten vorgedrungen - sehr abgefahren! Mehr und mehr kam das innere Licht zum Vorschein, was ich in mir sehen konnte.

Im Dunkelretreat beginnt ein Prozess mit einem, der einen dort abholt, wo man gerade ist. Das muss nicht immer angenehm sein. Ursprünglich wollte ich nur sieben Tage bleiben, habe aber dann auf 10 Tage verlängert. Ich brauchte eine Weile mich an die neue, dunkle Umgebung zu gewöhnen. Außerdem habe ich in einer WG gelebt, das heißt man hat die anderen Gäste schon mal gehört. Theoretisch hätte man auch reden können auf dem Flur, das wollte ich aber nicht. Die Türen waren, bis auf das Badezimmer, nicht abschließbar. Das empfand ich zunächst als etwas ungewohnt, auch wenn man nix sieht.

Mir hat das Dunkelretreat einiges gebracht. Die Dunkelheit ist mein Freund geworden. Sie hat mir Selbstvertrauen geschenkt, weil ich eine Angst überwunden habe und eine wichtige Erfahrung machte. Ich empfinde das Dunkelretreat als eine Art seelischen Brutkasten. Es ist eine innere Reise ins Ungewisse. Zum Schluss landet man aber immer bei sich selbst. Die Mantren haben mir geholfen, spirituelle Energie aufzubauen. Immer mal wieder bin ich in vergangene Inkarnationen eingetaucht. Die Seele nutzte die Gelegenheit, um mal gründlich aufzuräumen!

Der Moment als ich wieder ins Licht gegangen bin, war magisch. Ich war von Lichtwesen umgeben, die mich aus der Dunkelheit begleitet hatten. Ich selbst hatte sie zunächst nicht wahrgenommen. Bharati hatte jedoch Fotos für meinen Blog gemacht, und da waren sie sehr deutlich zu sehen. Es war schön, selbst über den Moment entscheiden zu können, wann das äußere Licht wieder eindringen darf. Die Farben waren super intensiv und ich dachte: „So schön ist die Welt". Die Themen aus vergangenen Inkarnationen haben mich noch eine Weile nach dem Dunkelretreat beschäftigt. Ich bin anschließend für mehrerer Monate auf Reisen gegangen. Am meisten hat die Leute interessiert, wie es in der Dunkelheit war.

Ich würde jedem ein Dunkelretreat empfehlen, der vielleicht noch nach irgendetwas sucht, ohne genau zu wissen, was es ist. Die Antworten liegen alle in uns selbst. Die Kunst ist, sie wahrzunehmen, anzunehmen und umzusetzen. Sei dein eigener Guru!

Hermann aus Lübeck, Deutschland

War im Januar 2015 für 11 Tage im Einzelretreat

In der Zeit im Dunkelretreat sah ich viele Lichtblitze. Interessant war, dass ich mich in dem knapp 25 Quadratmeter großen Raum auch nach vielen Tagen nicht zurechtfinden konnte und häufig große Schwierigkeiten hatte, mein Bett wiederzufinden. Der Gang zum WC war ein Abenteuer, weil ich oft Wände vor mir sah, die es nicht gab. Die Wände, die vorhanden waren, musste ich mit den Händen ertasten.

Einmal hatte ich allerdings ein merkwürdiges Erlebnis. Während ich so vor mich hin döste, war mit einem Male das Zimmer hell erleuchtet. Ich war ganz verwirrt und dachte, dass irgendetwas passiert sein müsse, weil ja sonst alles stockdunkel war. Ich sah über mir ganz deutlich eine reich geschnitzte Balkendecke, aber ein Wimpernschlag später war alles wieder in tiefe Dunkelheit getaucht. Ich habe so etwas früher oder später nie erlebt. Die Lichtblitze, die ich ziemlich regelmäßig sah, waren wie permanente Blitzlichter. Es war so, als wären an meinem Kopf Blitzlampen befestigt, die mir Gegenstände zeigten, die dann aber tatsächlich nicht real existierten. Auch von den Händen und der Stirn ging bisweilen ein rötliches Licht aus, so wie früher in Fotolaboren. Dort beleuchteten sie Wände, die nicht vorhanden waren. Ich habe mehrfach mit Bharati über dieses Phänomen diskutiert. Sie vermutete, dass die starke magische Aufladung ihres Hauses diese merkwürdigen Erscheinungen begünstigen könnte.

Ich hatte gehofft, in dieser Zeit etwas mehr über meine früheren Leben zu erfahren, dieser Wunsch ging leider in meinem Fall nicht so in Erfüllung, wie ich es mir erträumt hätte.

Nikolaus aus Aachen, Deutschland

War im März 2015 für 17 Tage im Einzelretreat

Es fällt mir sehr schwer, meine Gedanken niederzuschreiben. Vor allem am PC, weil mich das sehr ermüdet. Aber eins möchte ich euch trotzdem wissen lassen. Es ist eine ganz besondere Erfahrung für mich gewesen, 17 Tage mit Fasten (Wasser und Tee) im Dunkeln verbracht und mich dabei auch noch überwiegend wohlgefühlt zu haben. Die letzten Tage allerdings gönnte ich mir auch Gemüsebrühen, weil mich Unbehagen in Form von Kopfweh ereilte und ich dies auf Salzentzug zurück führte.

Zu Beginn des Retreats befürchtete ich, dass ich sehr mit inneren Ängsten konfrontiert werden würde. Tatsächlich war es dann aber eine Zeit von tiefer Entspannung und Neugier. Im Dunkeln lernte und erlebte ich die Unterschiede zwischen Astralreisen und Träumen kennen. Das war eine sehr wertvolle Erfahrung für mich. Ich bereue keine Minute, im Dunkelretreat gewesen zu sein und wenn ich es nochmal machen würde, könnte ich mir vorstellen, noch länger im Dunkeln zu bleiben.

Petra aus Deiningen, Deutschland, 54 Jahre

War im Mai 2015 für 7 Tage im Gruppen-Retreat Astralreisen und spirituelle Selbsterfahrung

Durch das Internet hatte ich von dieser Möglichkeit erfahren, kam für eine Dunkelmeditation nach Bad Dürrheim und habe mich danach entschieden, ins Dunkelretreat zu gehen. Ich war sehr neugierig darauf und wünschte mir, dass sich mein Leben zum Positiven verändern würde. Doch meine Vorstellungen waren wieder mal zu hoch gesteckt.

Angst hatte ich keine, war nur sehr neugierig, wer alles da ist und habe in den ersten paar Tagen nichts erlebt. Am vierten Tag bekam ich etwas Angst, da sich die Wände ganz eng um mein Bett herum bewegten. Am fünften Tag war es genauso. Ich sah aber zwei Gestalten an der Wand, konnte nicht erkennen was oder wer es war. Im Gang draußen sah ich die weißen Wände entlang zum Aufenthaltsraum und zur Toilette und Blitze an der Wand.

Am Anfang war es für mich stark entspannend, da ich sehr viel Stress vorher hatte. Dann habe ich leider nicht mehr so viele Erfahrungen gemacht und es wurde mir ein bisschen langweilig. Ich wünschte mir etwas Unterhaltung. Am sechsten Tag bekam ich Panik, keine Luft mehr zu bekommen. Ich sehnte mich nach frischer Luft, es wurde immer schlimmer und ich konnte nicht mehr richtig atmen. Aus diesem Grund habe ich mein Dunkelretreat am vorletzten Tag abgebrochen, hatte dann aber das Gefühl, dass es falsch war.

In dem Moment, als ich wieder „ans Licht gegangen" bin, war es ein sehr schönes Gefühl, wieder zu sehen. Die Farben waren heller und kräftiger. In den ersten Tagen zu Hause spürte ich innerlich etwas Zufriedenheit. Aber das veränderte sich durch den Alltag, der mich schnell wieder einholte. In meinem Leben hat sich meiner Meinung nach nichts verändert. Trotzdem war es für mich eine neue Erfahrung, alles im Dunkeln zu machen und sich doch zurecht zu finden.

Eine Empfehlung zu geben, wer ein Dunkelretreat machen sollte, ist schwierig. Jeder Mensch sollte selbst entscheiden, ob er diese Dunkelretreat-Erfahrung machen möchte. Wir Menschen sind alle verschieden - der eine mag es, der andere ist noch nicht bereit dafür.

Odette aus Bern, Schweiz, 52 Jahre

War im Mai 2015 für 10 Tage im Einzelretreat

Mein Name ist Odette. Ich wohne in der Schweiz, in Bern. Meine beruflichen Beschäftigungen sind zur Zeit das Kochen und die Betreuung in der Ferieninsel. In den Schulferien widme ich mich dem Kinderprogramm. Ich interessiere mich sehr für Speisekräuter und Heilpflanzen und produziere seit vielen Jahren eine Bärlauchpaste, die ich in Bern und Umgebung an die Bioläden verkaufe. Seit vielen Jahren praktiziere ich auch Shiatsu und Yoga. Ich reise sehr gerne, vor allem nach Asien und lerne immer wieder etwas Neues dazu. Besonders interessiert mich alles in Richtung Yoga, Ayurveda und noch vieles mehr.

Das war mein erstes Dunkelretreat.

Ich praktiziere seit Jahren Übungen aus dem Buddhismus (Bön). In dieser Tradition wird auch ein Dunkelretreat empfohlen. Es gibt einige Texte aus der alten wie neuen Zeit von Praktizierenden. Beim suchen auf YouTube nach neueren Berichten entdeckte ich Bharati. Das Video hat mich gleich völlig überzeugt, und ich habe mich sofort angemeldet. Eigentlich hatte ich keine großen Wünsche und wollte einfach mal schauen, was so passiert. Aber ich hatte auch Ängste.

Im Großen und Ganzen habe ich keine nennenswerten Vorbereitungen getroffen, außer dass ich meinen Tempel einpackte, eine Bambusflöte, das Malzeug und die Yogamatte. Die ersten drei bis vier Tage im Dunkelretreat ließ ich die OM-Box laufen, damit ich keine Ängste bekommen und innerlich ruhiger werden würde. Soweit ich mich erinnere, war ich die ersten drei bis vier Tage auch sehr müde und habe viel geschlafen.

Am vierten oder fünften Tag sah ich diese ganz feinen hellblauen Lichter. Ich habe viele Mantren gesungen. Zu dieser Zeit waren auch noch die Probleme mit einem Mann aus Sri Lanka sehr präsent. Eine Liebesbeziehung, die mich zu sehr gefangen hielt. Dieser Mann hinterging und täuschte mich und betrog mich in finanziellen Belangen. Ich war sehr gefangen und sprach mit Bharati darüber. Dabei erkannte ich, dass es Menschen gibt, die gewisse Praktiken anwenden, um andere Menschen zu manipulieren. Ich musste mich innerlich total lösen. So arbeitete ich am Loslassen, loslassen... Das war damals ein erster tiefer Schritt. Die täglichen Gespräche mit Bharati schätze ich sehr.

Nach dem Dunkelretreat habe ich an einem Seminar mit meinem buddhistischen Lehrer in der Schweiz teilgenommen. Anschließend hatte ich einen sehr starken Traum. Aus meiner linken Seite ist ein extremes Ungeheuer quietschend aus meinem Körper gekommen. Ich verstand, dass da etwas in mir war, was mit diesem Mann aus Sri Lanka zu tun hatte. Aber nun zurück zum Dunkelretreat. So um den sechsten Tag herum, habe ich noch Yantren gesehen, heilige geometrische Diagramme. Die Muster waren überall und farbig. Das waren Momente großer Zufriedenheit. Dann kamen auch Tage, da wollte ich raus, hatte keine Lust mehr weiterzumachen und blieb dann doch bis zuletzt. Ich habe mich immer total auf die begleitenden Gespräche gefreut und da man ja nichts sieht oder andere sieht und spürt, ist die Verbindung auf der Seelenebene sehr stark.

Als ich dann raus ging, empfand ich das Tageslicht als sehr extrem. Ich hatte gerade mal zwei bis drei Stunden, um mich daran zu gewöhnen. Auch fühlte ich mich ganz schwach und musste gleich eine Brühe trinken. Dann gings aufwärts. Die ganze Erfahrung im Dunkelretreat war interessant, aber ich war glücklich wieder ans Licht gehen zu dürfen. In dem Moment, als ich wieder ans Licht ging, hatte alles geblendet. Die irdischen Farben waren sehr intensiv. Ja, ich ging gern zurück ins Licht. Ich habe erst im Nachhinein erkannt, dass mich das Dunkle viel tiefer zu mir zurückgebracht hat.

Eine Dunkelretreat-Erfahrung kann ich jedem empfehlen, der sich selbst tiefer begegnen möchte.

Susanne aus Mühledorf, Schweiz, 63 Jahre

War im Mai 2015 für 8 Tage im Gruppenretreat (Stille- und Schweigegruppe)

Meditation begleitet mich seit 50 Jahren und gehört zu meinem Alltag wie Essen, Trinken und Schlafen. Die Erfahrung des Dunkelretreats wollte ich schon lange machen, ich meinte jedoch dafür nach Asien reisen zu müssen. Als ich von Bharati und ihrem Angebot in Deutschland hörte, wusste ich sofort: da will ich hin. Ich wusste von den ca. 60 Schweigeretreats, die ich in meinem Leben bis dahin gemacht hatte, dass die Sinne sich verstärken und stellte mir vor, dass dies noch viel mehr der Fall sein müsste, wenn die Augen auch nichts mehr sehen können oder müssen. Außerdem wollte ich interdimensionale Reisen machen. Ängste, Bedenken oder Unsicherheiten hatte ich keine.

Ich fand mich sehr schlecht zurecht im Dunkeln. Das hatte ich nicht erwartet. Die Räume nahmen andere Formen an und schienen viel größer als erwartet. Ich landete zweimal im falschen Zimmer, weil ich mich einfach nicht zurecht fand. Meine Sinne schlugen auch spirituell Purzelbäume, je nachdem was ich gerade dachte oder welches Mantra ich ausprobierte. Die Kräfte waren verstärkt und ich konnte mit Wesen in anderen

Dimensionen mit Leichtigkeit kommunizieren, hatte jedoch Mühe an den Diskussionen am Tisch während der Gruppenrunde aktiv teilzunehmen - meine Gedanken schweiften dauernd ab.

Am Anfang war ich nervös, daran erinnere ich mich. Ich hatte Mühe „runterzukommen". Dann erhielt ich direkte Hilfe von einem geistigen Freund, der plötzlich auftauchte und mich fragte, ob er mir helfen dürfe. Ab diesem Moment waren meine Energien ausgeglichen und ich konnte das Retreat genießen. Mir war auch nicht langweilig und am Ende fand ich die Zeit sogar zu kurz. Ich schätzte es sehr, dass man mich meinen Prozess selber finden lies. Ich war sehr sensibel was Geräusche anbelangte und schaltete alles auf stumm, was ich konnte. Zu wissen, dass irgendwann eine Glocke läuten und die Gruppe sich dann treffen würde, war das Einzige, was ich zuließ.

Das Dunkelretreat hat mir einmal mehr gezeigt, dass ich alles in mir habe und mich nur zu öffnen brauche um endlose, neue Welten kennenzulernen. Ich ging erfüllt, etwas betrunken von den vielen großartigen Farben, die ich nach dem Retreat wahrnehmen konnte, zurück nach Hause und fing gleich wieder an zu arbeiten. Ich weiss nun, dass ich eine längere Periode der Dunkelheit ohne Probleme durchstehe und dabei wunderbar getragen bin, ob alleine oder in einer Gruppe. Wie oben schon erwähnt, hatte ich irgendwann eine nervöse Phase während der ich fast keine Ruhe finden konnte. Das war herausfordernd.

Die Hilfe kam auf wunderbare Weise aus einer anderen Dimension. Ich konnte zulassen, was geschehen wollte, aufnehmen, was sich zeigen wollte und mich dem Prozess hingeben. Sowohl im Dunkel- als auch im Stilleretreat ist es bei mir ähnlich: Mir wird die Chance gegeben, die tiefsten und verstecktesten Winkel meines Seins zu erforschen und dabei Luft- und andere Sprünge zu machen. Der Moment, als ich wieder ans Licht ging, war sehr intensiv. Ich war vorgewarnt, vorsichtig zu sein und mich langsam ans Licht zu gewöhnen. So konnte ich die intensiven Farben in der Natur noch lange genießen. So schön hatte ich die Natur noch nie gesehen! Was mir immer in Erinnerung bleiben wird, ist das Kornfeld unten beim Sportplatz, das 40 - 50 cm über die Ähren hinaus in einem wunderbar weichen Violett strahlte. Die Blumenwiesen, an denen ich auf dem Weg in die Schweiz vorbeifuhr, mit den goldenen Vögeln, die auf intensiv- und vielfarbige Bäume zuflatterten, sind auf diesem begrenzten Platz nicht zu beschreiben.

Verändert hat sich in meinem Leben, dass ich meine Interdimensionalität mit einer größeren Alltäglichkeit lebe und gezielt einsetze. Schwierig zu sagen, wem ich eine Dunkelretreat-Erfahrung empfehlen würde. Es sollte wohl ein innerer Wunsch da sein, ein Sehnen nach dem Größeren in uns, das sich vor allem dann zeigen kann, wenn es um uns herum still (und dunkel) wird. Warum? Weil es zu einem Segen für das spirituelle Wachstum und den weiteren Weg werden kann. Momentan plane ich kein erneutes Dunkelretreat, denn ich bin noch erfüllt vom letzten Mal.

Birgit aus Zürich, Schweiz

War im Januar 2016 für 11 Tage im Stilleretreat

Mein Name ist Birgit. Ich bin Heilerin und unterstütze und begleite Menschen auf ihrem Weg. Dabei arbeite ich mit verschiedenen Techniken der energetischen Heilarbeit, kombiniert mit Psychologie und Persönlichkeitsentwicklung. Mir ist es ein Anliegen, Menschen dahingehend zu unterstützen, ihre Verbindung zu sich zu finden und ihren individuellen Weg in Eigenverantwortung zu beschreiten.

Eines Tages habe ich von der alten Tradition, für einen längeren Zeitraum in eine dunkle Höhle zu gehen, gelesen und dachte mir, so etwas muss es doch auch heute geben. So begab ich mich auf die Suche. Jahrelang hatte ich mich immer wieder mit dem Gedanken auseinandergesetzt, konnte aber lange nichts Passendes für mich finden. Dann stieß ich auf Spiritbalance und mir war klar den richtigen Ort für mich gefunden zu haben.

Im Vorhinein machte ich mir meine Vorstellungen und Wünsche über die Zeit in kompletter Dunkelheit. Ich nahm mir vor, im Dunkeln zu überprüfen, ob es eventuell noch verschüttete Muster und Ängste in meinem Leben gab, an die ich im Alltag nicht heran kam. Direkte Bedenken oder Unsicherheiten bezüglich meiner Entscheidung hatte ich keine. Ich habe mich 3 Tage vorher schon komplett zurückgezogen und auf Lichtnahrung umgestellt, um ganz rein und klar zu sein. Im Dunkelretreat angekommen war ich sehr schnell im Prozess, innerhalb von Stunden. Ich erlebte eine große Ruhe in mir und schaute mir die verschiedenen Etappen meines Lebens an. Da ich die ersten fünf Tage auf Lichtnahrung war, habe ich von Anfang an kaum geschlafen, und wenn, dann hatte ich sehr intensive kurze Traumphasen (wie beim kurzen Mittagsschlaf). Diese halfen mir dann dabei, verschiedene Themen anzuschauen.

Ich habe von Anfang an viel Licht, -blitze und -wesen gesehen. Nach einer Weile hatte ich eine genaue Vorstellung von den Räumlichkeiten in denen ich war, die nichts mehr mit der materiellen Realität zu tun hatten. Das fand ich sehr spannend. Und ich konnte an der Energie erkennen, ob Tag oder Nacht war, eine schöne Erfahrung. Ich hab mich in der Dunkelheit sehr wohl, geborgen, verbunden und total entspannt gefühlt.

Es war überwältigend, nach der Zeit im Dunkelretreat wieder das Licht zu sehen. Es lag viel Schnee und somit war das Licht gleißend hell. Mir persönlich hat das Dunkelretreat mehr Klarheit gebracht. Ich habe für mich herausgefunden, wo ich stehe. Für mich hat sich mein Weg bestätigt. Ich würde auch jedem eine Dunkelretreat-Erfahrung empfehlen. Ich denke, es ist für jeden Menschen hilfreich, sich mit sich und seinen Gedanken auseinanderzusetzen.

Hans-Joachim aus Speyer, Deutschland

War im März 2016 für 11 Tage im Einzelretreat

Mein Retreat war so geplant, dass ich am Samstag, den 19. März 2016 anreise, mich einen Tag lang im Hellen mit Zimmer und Umgebung vertraut mache und dann am Sonntag, den 20. März, mein Dunkelretreat beginne.

Das erste Mal wurde ich vor mindestens 15 Jahren durch Holger Kallweit mit dem Thema Dunkelretreat konfrontiert. Die Erfahrungsberichte der damaligen Teilnehmer hatten mich so interessiert, dass ich beschloss: „Das mache ich auch!“ Unter anderem wurde in vielen Erlebnisberichten darauf hingewiesen, dass die Teilnehmer ihr inneres Licht erfahren haben. Da ich mich zu dieser Zeit schon auf meine spirituelle Reise begeben hatte, ließ ich mir einen Prospekt kommen, den ich übrigens heute noch habe, total vergilbt und kaum noch lesbar. Meine anfängliche Begeisterung verflog - das kennt ihr sicher alle - aus Geld- und Zeitmangel. Was aber passierte war, dass alle drei bis vier Jahre das Thema Dunkelretreat in meinem Leben auf die eine oder andere Weise auftauchte. 2016 war dann meine Zeit und deshalb schreibe ich diese Erfahrungen nieder.

In einem Vorgespräch machte mich Martin darauf aufmerksam, dass es von Vorteil wäre, noch am selben Tag mit dem Retreat zu beginnen, was ich dann auch gleich tat.

Am ersten Tag bin ich bewusst in der Dunkelheit angekommen. Es war ein etwas befremdendes Gefühl, wenn ich meine Augen öffnete. Der innere Reflex, die Erwartung, trotz besseren Wissens, wenn ich die Augen öffne, etwas zu sehen oder bildhafte Eindrücke wahrzunehmen, wurde nicht erfüllt. Es war absolute Dunkelheit. Die Empfindungen waren geprägt von Ruhe, Stille und Geborgenheit. Was außerhalb dieses Raumes war, hatte für mich überhaupt keine Bedeutung. Ich hatte das Gefühl, selbst wenn da draußen eine Bombe hochgegangen wäre, hätte mich das nicht berührt.

Ehe ich aber weiter berichte, muss ich unbedingt noch etwas erwähnen. Bharati, meine spirituelle Begleiterin im Dunkelretreat, machte auf mein Verlangen hin noch eine Aura- und Chakren-Fotografie. Ich wollte unbedingt sehen und erleben, wie meine Aura und meine Chakren vor und nach meinem Aufenthalt in kompletter Dunkelheit aussehen. Ich war dabei sehr überrascht, aber irgendwie dann doch nicht, dass das am weitesten geöffnete Chakra mein Kronenchakra war. Alle anderen Chakren, waren unterschiedlich weit offen. Das hierzu.

Am Sonntag, dem ersten Tag, ist eigentlich nicht mehr sonderlich viel geschehen. Ich hatte drei technische Geräte mitgenommen. Ein Diktiergerät, um meine

Eindrücke aufzunehmen, damit ich sie nicht vergesse. Einen tragbaren CD Player, um sanfte meditative Klänge zu hören und einen Walkman mit verschiedenen Musikkassetten.

Was war geschehen? Mein CD Player gab nach der zweiten CD den Geist auf und mein Walkman hatte die eingelegte Kassette nicht mehr freigegeben. Das Einzige, was noch funktionierte, war mein Diktiergerät. Später erfuhr ich von Bharati, dass elektrische Geräte während des Retreats häufiger ihre Funktion aufgeben. Ich sah das einfach als Zeichen dafür, dass ich mich nicht so viel ablenken sollte. Die Sache war damit fürs Erste erledigt.

In dieser Nacht, ich weiß nicht genau ob ich im Halbschlaf nur Gedanken hatte oder ob es ein Traum war, bekam ich den Impuls ein Buch zu schreiben. Ich sah auch ganz genau den Buchtitel vor meinen Augen. Das Thema: „Wie das Leben funktioniert" oder „Einer der auszog, um sich Selbst zu finden". Was daraufhin passierte war wirklich abgefahren. In meinen Gedanken lief plötzlich ein Film über mein ganzes Leben ab. Von meinem zweiten Lebensjahr bis hin zu meinen vierziger und fünfziger Jahren. Ich nahm so viele Einzelheiten und Details wahr, Personen, spezifische Begebenheiten und Erfahrungen, die ich schon längst vergessen hatte. Alles war da und so real für mich, als ob ich es gerade erst erlebt hätte. Diese Begebenheit hatte mich so beeindruckt, dass ich wach wurde und darüber nachdachte, was da gerade geschehen war. Als ich am nächsten Tag morgens aufwachte, fühlte ich mich sehr ausgeruht. Ich nahm mir vor zu meditieren und wollte in die Stille gehen, um mein inneres Licht zu sehen. Das war für mich ja einer der Hauptgründe, für die ich ins Dunkelretreat gegangen war.

Ich stellte fest, wie gern ich mich vom Draußen ablenken lasse und wie wohltuend es war, die Turmuhr schlagen zu hören. Gleichzeitig wußte ich aber auch, dass mich diese Ablenkungen einfach in meinem Selbstfindungsprozess störten. So dachte ich mir, dass es wichtig ist, mich nicht ablenken zu lassen und in die Stille zu gehen. Gleichzeitig beruhigte ich mich gedanklich und sagte mir: „Ok, es ist ja erst der zweite Tag. Warten wir mal ab, was noch alles passiert." Ich hatte das starke Bedürfnis mit meiner Seele in Kontakt zu treten und äußerte diesen Wunsch auch verbal. Kaum hatte ich mein Verlangen ausgesprochen, bekam ich eine etwas belustigende und ironische Antwort in Form von Gedanken: „Ich weiß gar nicht, was du willst. Wir sind doch schon die ganze Zeit in Kontakt miteinander. Denn sobald du dein Bewusstsein auf mich, deinen unsichtbaren Teil lenkst, bist du damit verbunden. Denn ich und du, wir sind eins. Wann immer du bewusst an mich denkst, bin ich einfach da für dich. Du bist der, der denkt, fühlt und tut, was er will. Ich bin immer mit dir und beobachte, wie du dich entwickelst und wie du mehr von deiner höchsten Version von dir Selbst wirst." Ich muss euch sagen, es war schon ein sehr komisches Gefühl. Ich hatte eine Frage gestellt und erlebte, dass ich mir selbst die Antwort gab. Natürlich wollte ich wissen, weswegen sich mein Gefühl etwas fremdartig anfühlte, wenn ich mir selbst die Antwort gab. Kaum hatte ich zu Ende gedacht, kam die Antwort: „Solange du in deinem Energiesystem immer noch so viele Glaubensmuster und Vorstellungen von Trennung hast, wird sich das auch weiterhin so anfühlen. Aber mach dir keine Gedanken darüber, du bist auf einem sehr guten Weg."

An einem der nächsten Tage war Vollmond. Im Laufe des Tages wurden alle Dunkelretreat Teilnehmer von Bharati, mit noch 6 weiteren Personen aus ihrem Meditationskreis, zur Teilnahme an einer Lichtmeditation eingeladen. Natürlich auch im Dunkeln. Sie erklärte uns, dass um die Neu- und Vollmondzeit die Energietore zu anderen Welten, sowohl zu Höheren als auch zu Niederen, weit offen stehen und die Energien stärker in unser Universum einströmen, als es zu anderen Zeiten der Fall ist. Anschließend haben wir gemeinsam das Licht-Gnaden- oder Regenbogenmantra (Arut Perum Jothi Arut Perum Jothi Thani Perum Karunai Arut Perum Jothi) gechantet, um Licht in die Welt zu senden. Ein weiteres Mantra (Om Namah Shivaya) half uns die fünf Elemente (Erde, Feuer, Himmel, Wasser, Luft) in uns selbst in Einklang und mit Allem was ist, zu bringen. In dieser Nacht hatte ich noch zwei sehr intensive Träume, auf die ich aber nicht weiter eingehen möchte, weil ich denke, dass sie für mich persönlich waren und mit meinem Leben zusammenhängen.

Der fünfte Tag war mein ganz persönlicher Krisentag. Das Wort Krise ist vielleicht etwas übertrieben. Eigentlich trifft Irritations- und Widerstandstag besser zu. Was war passiert?

An diesem Tag hat mich alles und jeder nur genervt und gestört. Wenn ich das Fenster zum Lüften geöffnet hatte und ich die Turmuhr schlagen hörte, die zwitschernden Vögel, die Erzählungen der Menschen auf der Straße und ganz besonders Nam Hari, der im Zimmer nebenan (wie sonst auch) seine Mantren chantete. Ich hätte ihn schütteln können. Das war sehr ungewöhnlich, denn die Tage davor und danach hatte ich seine Mantren wirklich genossen. Im Gegenteil, ich hab sie in mir selbst klingen lassen und es war immer sehr wohltuend.

Als ich am nächsten Morgen aufstand und meine Strümpfe anziehen wollte, hatte ich das starke Bedürfnis meinen Füßen etwas Gutes tun zu wollen. Also massierte ich sie und hatte ein wunderbares Gespräch mit ihnen bezüglich meiner Aufmerksamkeit und Achtsamkeit ihnen gegenüber. Es ist schon erstaunlich, für wie selbstverständlich ich manche Dinge halte. Aber das betrifft im speziellen mich. Ich bin sicher, dass ihr euch eures Körpers mehr bewusst seid als ich es bin. Mir ist nur auf eine ganz neue, bestimmte Art und Weise klar geworden, wie sehr ich meine Füße belastet hatte. Schließlich war ich die längste Zeit in meinen Leben extrem übergewichtig.

Heute war auch der zweite Tag, an dem ich ein langes Gespräch mit Bharati führte, welches sehr aufschlussreich war. Sie hat mir von ihren Astralreisen erzählt und ich berichtete ihr von meinen Eingebungen und Inspirationen. Im Gespräch entdeckten wir, dass sie mich aufgrund der Ereignisse in meinem und dem Leben einer ihrer Freundinnen, unbedingt mit dieser Frau zusammenbringen wollte. Sie vermutete, dass diese Begegnung eine große Unterstützung sein könnte.

In der letzten Nacht hatte ich noch einen sehr intensiven Traum. Er handelte von mir und meiner verstorbenen Mutter. Wie sagt man so im Jargon: Das war „Hardcore". Ich verspürte Freude bei dem Gedanken daran, was mich in der Zukunft erwartete und darüber, am nächsten Morgen wieder ins Licht zu dürfen.

Im Tempelraum habe ich dann Stückchen für Stückchen meine Augenmaske gelüftet, um mehr und mehr Licht in meine Augen zu lassen. Bis ich schließlich meine Augenmaske ganz abnehmen und meine Augenlider vollends öffnen konnte. „Wow, ist das Sehen vielleicht anstrengend", schoss es mir durch den Kopf. Mir war nicht bewusst, wie viel Energie das Sehen verbraucht. Aber beim Nachdenken darüber wurde mir klar, wie viel Eindrücke das Gehirn über das Sehen verarbeiten muss. Ich habe dann sofort wieder die Augen geschlossen, um die Energie bei mir zu halten, was sehr wohltuend und entspannend war. Dann ging ich auf den Spiegel zu und sah mir in die Augen. Was ich sah, ließ mir die Tränen über die Wangen rollen. Aus meinen Augen strahlte mir so viel Wärme und Liebe entgegen, dass ich vor Glückseligkeit weinen musste. Weil ich mich im Stehen noch ein wenig schwindelig fühlte, ging ich danach wieder zu meinem Stuhl zurück. Dieses Gefühl hielt noch etwa eine halbe Stunde an, bis sich alles wieder normalisierte.

Zum Abschluss möchte ich noch sagen, dass ich jeder Person, die sich als „Suchender“ oder wie Neal Donald Walsch immer sagt als „Wieder-Erinnernder“ empfindet, einen Rückzug in die Dunkelheit empfehlen kann. Natürlich nur jene, die sich angesprochen oder eine Resonanz dazu fühlen. Ich habe in meinem Leben öfter mal ein neues Lebensmotto gehabt. Eines davon war: „Es ist, wie es ist. Wenn sich´s dann ändert, ist es wieder wie es ist!“ Aus diesem Retreat bin ich mit einem neuen Motto gekommen: „Alles kann! Nichts muss!“ Diese Erkenntnis hatte eine neue, tiefe Bedeutung für mich gewonnen.

Ich wünsche allen, die auf ihrer Reise sind, sich von keinem Hindernis aufhalten zu lassen. Denjenigen, die sich noch nicht auf den Weg gemacht haben, wünsche ich, dass sie ihr Überlebenskampf so wach rüttelt, dass sie einmal innehalten können und sich bewusst werden, dass ihnen eine „Reise“ einmal ganz gut tun würde.

Matthias aus Kaiserslautern, Deutschland

War im Mai 2016 für 10 Tage im Einzelretreat

Erfahren habe ich vom Dunkelretreat das erste Mal beim Tag der offenen Tür in Oberbaldingen und habe mich kurz danach entschieden, ins Dunkle zu gehen. Meine Wünsche waren einerseits, Astralreisen zu lernen, andererseits hatte ich Angst vor dem Dunkeln und wünschte mir, diese zu verlieren. Trotz der Ängste hatte ich mich auf das Dunkelretreat eigentlich gar nicht vorbereitet.

Meine Erfahrungen im Dunkelretreat waren jeden Tag geprägt von starken Visionen und Träumen sowie Astralreisen. Ich fühlte mich während des Dunkelretreats entspannt, konnte viel über mich nachdenken und gewann nach und nach einen neuen Blickwinkel auf mein Leben. Viele Ängste durfte ich erleben und lernen loszulassen. Den Moment, als ich wieder „ans Licht gegangen" bin, habe ich als schmerzhaft empfunden. Seit dem Dunkelretreat gehe ich bewusster mit mir um, z. B. esse ich Schokolade, anstatt zu sagen, ich mach's nicht. Generell würde ich eine Dunkelretreat-Erfahrung jeder Person empfehlen, die sich selbst finden möchte.

Peter aus Göttingen, Deutschland

War im Juni/Juli 2016 für 10 Tage im Einzelretreat

Das Dunkelretreat hat mich bis heute sehr nachhaltig beeinflusst. Es machte mir vor allem am Ende des Aufenthaltes und hinterher deutlich, mit wie viel Angst ich normalerweise in der Welt lebe. Ich spürte näheren Kontakt zu meinen Ängsten und meine Angst-Abwehr-Mechanismen funktionierten nicht mehr so gut. Für mich ist das ein riesengroßer Gewinn. Ich spüre mich jetzt mehr, habe weniger Angst vor meiner Angst und auch vor anderen Gefühlen.

Das klingt jetzt vielleicht so, als ob ich voller Angst sei und nichts auf die Beine stellen könnte. Das Gegenteil ist der Fall. Ich bin Psychotherapeut, Seminarleiter, Ausbilder und Unternehmensberater und damit sehr erfolgreich. Was ich damit sagen will ist, dass ich es nun endlich schaffe, diese Angst in mir abzubilden, sie zu fühlen, ohne mich von ihr überwältigen zu lassen.

Emotionen sind eine uralte Sprache, zuerst kam das Riechen, Fühlen, Gestik und einiges mehr. Dann war auch die emotionale Welt für uns Säugetiere eine sehr wichtige Sprache, die wir in unserer Kultur kaum noch wertschätzen. Im Gegenteil, wir haben vielfach große

Angst vor all unseren Gefühlen. Oft sogar einfach schon vor großer Intensität, egal was damit verbunden ist. Sei es Freude, Scham, Angst oder Wut.

Meine Absicht für das Dunkelretreat war es, mit dem ganz, ganz kleinen inneren Kind in mir in Kontakt zu kommen, sodass das Trauma sich langsam aber sicher lösen kann. Traumata sind die Folge davon, dass wir in einer schwierigen Lebenssituation nicht mehr fähig sind, die Energie der Gefühle wirklich durch uns durchfließen zu lassen. Als Kind brauchen wir zumindest eine sehr vertraute Person, wie unsere Mutter, die uns auf den Schoß nimmt und unsere Angst oder unseren Schmerz annimmt und nicht wegmachen will, weil sie ihn selbst nicht aushalten kann. Nun ja, ich habe vom Dunkelretreat sehr profitiert und werde es wiederholen. Wann genau, weiß ich noch nicht. Aber es gibt auch ein paar meiner Klienten, die sich gern für einige Tage ins Dunkle setzen wollen.

Es war sehr beeindruckend. Ich war nicht überfordert, aber in einem täglich 20 Stunden dauernden Prozess oder besser gesagt, in immer wieder neuen Prozessen gelandet. Nach ein paar Tagen habe ich ständig Dinge gesehen, die überhaupt nicht da waren. Dann, wieder ein paar Tage später, habe ich mich abends auf die Couch gesetzt und „Fern“ gesehen. Es gab ständig neue Bilder vor meinen inneren Augen, ob ich die Augen zu hatte oder offen, war fast egal. Die Bilder zogen einfach vorbei. Bharati sagte, es seien Astralbilder, die bei jedem nach ein paar Tagen auftauchen. Oft war ich im Meer, oft war es taghell, obwohl neun Tage kein Licht an meine Augen trat. Ich sah sehr lebendige und dreidimensionale Bäume und Sträucher vor meinen Augen wachsen. Diese Bilder waren immer in Bewegung. Sie zogen an mir vorbei. Selbst wenn ich am Tisch saß und aß. Und dann gab es inneres Ausweichen. Immer wieder neue Tricks dachte sich mein Geist aus, um nicht tiefer in die Gefühle der Unannehmlichkeit gehen zu müssen. Übrigens gab es die ganzen Tage lang nur Rohkost und ich habe immer weniger gegessen, hatte einfach keinen Hunger. Zuerst kam ich überhaupt nicht an mich heran, habe nur funktioniert, war sehr strukturiert, habe gesessen, gelegen und meditiert. Alles ist ja sehr langsam, weil die Orientierung beim Gehen durch den Raum immer wieder verloren ging. Dann arbeitete ich super viel mit dem inneren Kind.

Die Visionen oder Halluzinationen waren fast ständig da. Ich sah zum Beispiel immer wieder eine Menge Fahrräder, die in meinem Zimmer standen, auch übereinander oder sie hingen an der Decke. Die hatten alle ein spiraliges Kabel am Gepäckträger, was sehr hochstand. Es waren auch Kinderfahrräder dabei. Dann war wieder ein wenig Ruhe damit. Plötzlich tauchten Balken, wie in einem alten Fachwerkhaus, vor mir auf. Immer wieder wich ich den Balken aus, obwohl sie gar nicht da waren. Ich musste also durch die Balken durchlaufen und mich auf mein Ziel konzentrieren, damit ich mich orientieren konnte. So war es auch mit der Wäsche, die im Raum hing. Da war kaum ein Durchkommen. Ganz viele von diesen sich bewegenden Räumen waren im Wasser. Mal schaute ein Riesenfisch direkt in mein Auge, der einfach bis an meine Nase heran gekommen war. Wenn man glauben würde, was man da sieht, bekäme man große Angst.

Oft habe ich Licht gesehen, Flackern in den Augen, manchmal ein wenig Schwindel, aber ich muss sagen, ich hatte nie Angst davor. Ich empfand alles eigentlich als ganz witzig, weil ich ja wusste, dass es nur in meinem Gehirn entsteht und nicht real ist. Aber trotzdem war ich immer wieder am Kopf einziehen, wenn ich durch den Raum ging. Auf der Kommode, in der meine Kleidung lag, sah ich jede Menge Gläser stehen. Diese hohen Kristallgläser nahmen den ganzen Platz ein, sodass ich nicht wusste, wo ich meine Sachen hinlegen sollte. Aber wenn ich sie dennoch hinlegte, veränderten sich manchmal die Bilder. Manchmal auch nicht. Oft sah ich in den ersten Tagen alte verfallene Gebäude, Strukturen von alten Fabriken und vieles mehr. Später waren es mehr ausgeschwemmte Natursteinwände.

Nachdem ich am Ende wieder einmal im Licht war und dann wieder in die Dunkelheit ging, nahm das sehr ab. Die Illusionen waren zuerst noch da, doch dann fast nicht mehr. Übrigens hatte ich immer eine rote Grundfarbe vor meinen Augen. Alles war irgendwie in rot getränkt. Bharati meinte, dass das mit einem sehr offenen Wurzelchakra zu tun haben könnte. Auch dachte ich immer wieder, ich könne erkennen wo das Fenster sei, doch wenn ich mich woanders hin drehte, dann war es dort genauso hell. Manchmal sah ich meine Hände vor meinen Augen, falsch, ich dachte ich sähe sie. Mein Gehirn hat einfach die Bilder erstellt, die zu meinen Händen passen würden. So ging es mir mit vielem. Sobald ich eine Vorstellung davon hatte, wie etwas aussehen könnte, schaffte ich mir die Vision davon, natürlich nicht absichtlich, sondern unwillkürlich.

Manchmal kam Licht von der Seite in mein Auge, manchmal von links, manchmal auch von rechts. Teilweise sah ich die illusionären Bilder nur vor einem Auge, das andere fühlte sich richtig zu an. Dann wechselten die Augen und es kamen andere Bilder. Manchmal sah ich alles vor beiden Augen. Interessant war es zu fühlen, wie ein Auge einfach zu ist und keine Bilder sieht, während es das andere tut. Manchmal sah ich den Schatten meines Körpers an der Wand, es fühlte sich an, wie wenn Licht von hinten käme. Manche Nacht bin ich um 2 Uhr (gefühlt) aufgewacht und habe zwei bis drei Stunden gearbeitet, z. B. mit Kundalinischüttelmeditation. Danach habe ich mich wieder hingelegt und zwei Stunden später (wieder gefühlt, weil ich keine Uhr hatte) ging es erneut los.

Ich kann sagen, ich habe so tief in mein Traumatageschehen geschaut, wie ich es mir nicht hätte vorstellen können. Doch genau das ist ja auch mein Wunsch gewesen. Zum Beispiel habe ich festgestellt, dass viele Menschen ihre Traumata an sich schon aufgelöst hätten, wenn sie diese als gelöst interpretiert hätten. Denn es braucht den Kontakt mit dem Trauma, damit es sich lösen kann. Wenn man dann ins tiefe Weinen kommt und innerlich ja dazu sagt, ist das Trauma gelöst. Doch was nicht gleichzeitig gelöst ist, ist die Prägung des psychischen Traumas im Körper. Das heißt, dass es fortan nicht mehr darum geht, weiterhin das Trauma zu lösen, sondern zu erkennen, dass die körperlichen Symptome einfach nicht mehr stimmen und sie deshalb umgelernt werden müssen. Das Gehirn braucht dazu zirka 41 Tage der Neuprägung oder Umschreibung des alten Musters.

Manche Prozesse habe ich mit mir allein gemacht, andere mit Bharati, die mich nach dem 6. Tag täglich begleitete. Vorher wollte ich allein sein. Das Schlimmste für mich war der fehlende Körperkontakt zu anderen Menschen. Dennoch ins Fühlen zu kommen, war meine Herausforderung und es war wirklich beeindruckend, wie weich ich wurde und wie bewusst über mein Ausweichen. Jetzt, gerade mal ein paar Tage wieder zurück in dieser Welt, bin ich schon wieder viel weniger bei mir.

An den letzten Abenden im Dunkeln habe ich immer nach dem Essen geweint. Zuerst ging es nicht und ich habe es mit Absicht und ein bisschen Druck gemacht. Doch dann kam so eine tiefe Trauer über alle möglichen Dinge zum Vorschein. Wie zum Beispiel über die Hunde, die mich ja, nachdem ich aus dem Kinderheim zu meiner Oma kam, sehr tief berührt und versorgt hatten. Als 2-jähriges Kind lag ich viel in Hundekörbchen mit den anderen Welpen.

Jetzt wurde mir bewusst, dass ich nie über deren Tod weinen konnte. Viele persönliche Trauerereignisse kamen hoch, die ich zuvor nie beweint hatte. Auch die Trauer über den Tod meines Opas war ein Prozess für mich. Damals als mein Opa starb, war ich 16 Jahre alt und auf einer Kirchenfreizeit in Norwegen. Zu dieser Zeit konnte ich nicht weinen, denn ich fühlte einfach nichts dazu. Jetzt war es so präsent, dass ich Rotz und Wasser heulte und es gleichzeitig gut fand.

Als Säugling wurde ich immer, wenn ich weinte, mit einer Milupaflasche abgefüllt und zum Schweigen gebracht, bis ich schließlich einschlief. Das hat lange Zeit dazu geführt, dass ich überhaupt nichts fühlen konnte, wenn ich gegessen hatte. Eine einfache Konditionierung. Gegen diese Konditionierung bin ich jetzt aktiv vorgegangen. Manchmal kam mir direkt nach dem Essen die Idee: So, jetzt könnte ich ein bisschen weinen! Das tat ich auch und fühlte mich zunehmend leichter. Gründe gab und gibt es genug. Dann weinte ich eine Zeit lang über die Soldaten, die in den zweiten Weltkrieg ziehen mussten, obwohl sie gar nicht wollten. Ich kam darauf, weil ich mich an den Gesang meiner älteren Schwester erinnerte: „Nehmt Abschied Brüder, ungewiss ist alle Wiederkehr…“ und ich war damals schon immer traurig darüber und beklagte mich, wenn sie in unserem gemeinsamen Schlafzimmer abends sang. „Sag mir wo die Blumen sind“, hatte mich auch so berührt.

Nachdem ich über die Soldaten geweint hatte, war es vorbei. Dabei musste ich nicht mehr weinen. Es gab andere Dinge in der Welt, wie die Judenvernichtung. Einmal sah ich beim Weinen ein älteres Ehepaar in der Gaskammer, was nicht mehr kämpfte, sondern sich gegenseitig haltend einfach an eine Wand gesetzt hatte und starb. Ich weinte sehr bei diesem Bild.

Irgendwie habe ich im Dunkelretreat noch einmal neu weinen gelernt. Das schaffe ich jetzt auch mit mir allein, was ich vorher nicht gut konnte. Am Ende hatte ich oft super kalte Füße, es war, als wäre der letzte Zentimeter meiner Fußsohle aus Eis. Ich fühlte es auch sofort im Hals. Dann trachtete ich danach, mich von innen heraus aufzuwärmen und versuchte Stunde um Stunde irgendwie den Zugang zu meinem inneren Ofen zu finden.

Einmal, als ich sehr wütend über die Art und Weise war, wie Bharati mich ansprach, gab ich mich am Bett liegend in die tiefsten Tiefen der Wut hinein. Ich strampelte mit allem und hinterher machte sich eine wunderbare Wärme bemerkbar. Zuerst spürte ich sie in meinen Füßen und allmählich stieg sie den ganzen Körper hoch. Ich blieb dabei völlig reglos auf dem Rücken im Bett liegen. Das dauerte sicherlich 1 bis 1,5 Stunden.

Langweilig war mir überhaupt nie. Allerdings wurde es von Zeit zu Zeit immer schwerer noch in dieser Höhle zu bleiben. Ich machte mir allerlei Vorstellungen, wie es draußen wohl sei. Wenn ich Motorräder vorbei fahren hörte, was bei gutem Wetter immer wieder geschah, dachte ich daran, wie ich mir einen Roller kaufen würde. Mein Geist wollte immer wieder Ausweichen, was ich aber meistens erkennen konnte. So konzentrierte ich mich auf meinen inneren Auftrag: Die Teile, die ich in mir nicht fühlen kann, mit denen, die schon fühlen können in Verbindung zu bringen. Darin war ich sehr diszipliniert.

Ich könnte natürlich noch Stunden schreiben, weil es so viel war, was ich erlebt habe. Aber die Erinnerung verblasst schon an einigen Stellen. Es ist halt ein Leben wie im Traum, in der absoluten Dunkelheit.

Matthias aus Zürich, Schweiz

War im Juli 2016 für 3 Tage im Einzelretreat

Das war eine spannende Reise. Alleine der Gedanke an drei Tage in absoluter Finsternis, brachte ein komisches Gefühl in mir hervor. Unbekanntheit und Ungewissheit darüber, was wohl in dieser Zeit mit mir passieren würde, überkamen mich. Ich stellte mir alles mögliche vor, doch die anschließende Erfahrung sprengte jede Vorstellungskraft. Dort in der Finsternis geschehen unvorstellbare und unmittelbare Erfahrungen, die für mich ohne Zweifel mit zu den schönsten Erfahrungen überhaupt zählen.

Angekommen im Seminarhaus für das Retreat, begegnete ich sehr außergewöhnlichen Menschen, von denen ich niemanden kannte. Dennoch fühlte es sich sehr vertraut an. Die liebe Sabine empfing mich. Sie machte einen sehr mütterlichen Eindruck und wirkte weltoffen und ohne Vorurteile. Sie ist einfach vollkommen und zu 100% präsent gewesen, so ist sie mir vorgekommen. Das wirkte so angenehm auf mich, dass ich selbst in die Ruhe kam. Generell fühlte ich mich an diesem Tag der Anreise sehr ruhig und gefasst. Die Tage zuvor hatten sich nämlich starke Verunsicherungen in mir breit gemacht, welche eben aber an diesem Tag wie weggewischt waren.

Nach diesem kurzen Begrüßungsakt zeigte sie mir sogleich mein abgedunkeltes Zimmer. Angekommen in der Finsternis bemerkte ich, welch einen netten Eindruck das Zimmer auf mich machte. Der knirschende Boden, das schöne Bett, das Sofa, die Kommode, die Dusche und ein Waschbecken war vorhanden, als wäre es eine Pension für vorbeifahrende Sportler. Nun denn, es war aber ein Zimmer für die Erfahrung der absoluten Finsternis. Die Fenster waren mit schwarzer Folie und schwarzem Klebeband abgeklebt, sodass kein Licht eindringen konnte. Der Lichtschalter wurde ebenfalls abgeklebt, damit ich nicht aus Versehen dagegen stieß und das Licht einschaltete. Ein kurzes Einleben im Zimmer und ein kurzes Anvertrauen mit der Räumlichkeit war notwendig, um mich in der Dunkelheit zurecht zu finden. Damit ich Dusche und Waschbecken jederzeit finden konnte, bin ich das Zimmer immer wieder abgegangen. Bis ich mich daran gewöhnte.

Ich lernte nach einem kurzen Moment der Stille mit mir selbst, Bharati kennen. Gemeinsam bereiteten wir uns darauf vor, das Licht loszulassen, um in die Finsternis zu gleiten. Dazu wurden jetzt auch sämtliche Fenster geschlossen und das Licht völlig abgedreht. Das einzige physische Licht war Bharatis Lotusblume, in welcher eine Kerze brannte. Es dauerte etwa eine Stunde, in der wir über diverse Dinge sprachen. Als Abschluss des Gespräches und als Anfang des Dunkelretreats sang Bharati ein kleines lichtvolles Lied für mich, welches vom Verschmelzen mit dem Licht handelte. Das war wunderschön und gleichzeitig war ich so aufgeregt.

Bharati verließ das Zimmer und es war soweit. Ich habe einfach dagesessen. Schon komisch, wenn man an einem Freitagnachmittag um 16:00 Uhr in einem dunklen Zimmer sitzt und nichts tut. Ich weiß noch ganz genau, wie ich einfach dasaß. Was tu ich jetzt? Kein Handy, kein Licht, kein Buch, einfach nichts. Ich hatte nur mich selbst und meine eigenen Gedanken und Gefühle. Nach wenigen Minuten wurde ich extrem müde und legte mich ins Bett. Nachdem ich einige Zeit später wieder aus dem Schlaf erwachte, wusste ich nicht, wie lange ich geschlafen hatte. Waren es 10 Minuten oder 6 Stunden? Ich hatte schlichtweg keine Ahnung, denn Uhr oder Handy hatte ich ja nicht. Also habe ich einfach weiter geschlafen. In der ersten Nacht begleiteten mich tiefe Träume, die von Dingen handelten, die mich schon lange unbewusst belastet hatten. Mein großes Thema was die Angst. Verlustangst, um genau zu sein. Dies machte sich bereits in den Träumen der ersten Nacht bemerkbar.

Später erwachte ich wieder, saß da, dachte nach und überlegte. Es schien, als wäre der Kopf sehr laut. Zum ersten Mal bekam ich wirklich mit, was in mir selbst tatsächlich so alles vor sich ging. Das Bewusstsein konnte nun einfach mehr nach innen gerichtet sein, weil es außen keine Reize mehr gab.

Nach langem Dasitzen ging ich mal duschen, aufs Klo und putzte mir die Zähne. Mir fiel ein, dass Sabine und ich abgemacht hatten, dass sie mir immer wieder eine Kanne Tee bringen würde, damit ich etwas Warmes trinken könnte. Auch Wasser stellte sie mir immer wieder vor die Tür, in den ebenfalls abgedunkelten Flur. Ich wurde stiller, nach innen gerichtet und auf mich selbst bezogen. Vor allem war ich sehr froh darüber, endlich über wichtige Dinge nachdenken zu können. Die Zeit hatte ich ja plötzlich.

Ich kann mich noch erinnern, wie ich plötzlich nach langem Sitzen und Grübeln die morgendlichen Geräusche eines Hahns vernahm und mich sehr darüber freute, dass nun der Morgen gekommen war. Hiermit wusste ich auch ganz genau, welche Tageszeit herrschte. Noch nie zuvor in meinem Leben hatte ich mich dermaßen über so etwas wie die Geräusche eines Hahns gefreut. Ich hatte mit dem Ohr am Fenster gelauscht und in meinem Inneren ist ein Licht angegangen. Schon als der erste Tag vorbei war, dachte und fühlte ich mich glücklich. Es machte mich auch glücklich, weil die Nacht eine eigene Energie hatte, welche auch sehr beängstigend sein konnte. Nicht weil sie bedrohlich ist, sondern weil die Nacht die dunklen Schatten in einem selbst zum Vorschein bringt.

Einige Zeit später legte ich mich wieder ins Bett und genoss es einfach da zu sein. Da ich müde war, schlief ich ein. Gefühlte Stunden später kam dann auch schon Bharati. Ich hatte mich sehr darüber gefreut und wir führten einige tiefsinnige Gespräche über das Leben und auch über Fehlentwicklungen dieser Welt, wie z. B. Kriege und den Konsum von Drogen. Sie hat mir auch wieder ein schönes Lied gesungen, welches die

Schwingung im Raum etwas mehr in die Höhe hob. Als Bharati den Raum verlassen hatte, war ich da wieder mit mir selber und mit meinen Gefühlen und gedanklichen Regungen. Diesmal hatte ich mich in die Ecke auf einen Stuhl gesetzt und spielte die OM-Box, welche permanent den Urton OM ertönen ließ. Ich weiß noch ganz genau, wie ich in dieser Situation plötzlich zu lachen anfing, als wäre ich im Kabarett. Ich musste immer lauter und tiefer aus dem Herzen lachen, weil ich es lustig fand, einfach nur dazusitzen und dieser OM-Box zu lauschen. „Was tue ich hier eigentlich?“ fragte ich mich brüllend lachend.

Minuten oder Stunden später, ich weiß es nicht mehr genau, wurde ich wieder recht müde und hatte mich auch wieder ins Bett gelegt, um ein wenig zu schlafen. Diesmal allerdings merkte ich, wie die Umgebung in dieser Ortschaft immer ruhiger und ruhiger wurde. Weniger Autos die vorbei fuhren, weniger Fußgänger die an dem Haus entlang gingen. Ich merkte, es wurde Nacht und die Menschen fingen an sich zurück in ihre Häuser zu ziehen. Plötzlich fühlte ich mich sehr alleine. Alleine und einsam. Keine Tiere, keine Menschen. Jeder für sich selbst und auch in mir zeigte sich die Dunkelheit der Nacht. Ängste aus der Vergangenheit, Angst verlassen zu werden und auch Angst einmal sterben zu müssen, kamen in mir hoch. Ich bemerkte also durch die Nacht und Dunkelheit in der äußeren Welt, die Nacht und die Dunkelheit in mir selber.

Als ich irgendwann einschlief, wachte ich gefühlte 10 Minuten später wieder auf. Es könnten aber auch wieder mehrere Stunden danach gewesen sein. Leider wusste ich das nie und so war es mir auch irgendwann egal, wie lange ich geschlafen hatte. Sehr gefühlsintensive Träume waren der Grund, der mich aus meinem Schlaf riss. Ständige Angst und Gefühle, die im Alltag verborgen blieben, zeigten sich. Immer wieder bin ich eingeschlafen, träumte intensiv, wachte auf und schlief wieder ein. Doch irgendwann, das weiß ich noch genau, war ich munter und konnte einfach nicht mehr einschlafen.

Plötzlich fing es an, ständig in meinen Augen zu blinken. Egal wo ich hinsah, ich vernahm ein blinkendes leuchtendes Licht. Wenn ich die Augen schloss, war es da und wenn ich sie öffnete, war es auch da. Ich musste oft meine Augen mit der Hand zuhalten, damit ich nicht aus meinem Körper gezogen wurde. Zumindest fühlte es sich so an. Schlafen in diesem Zustand war unmöglich, also setzte ich mich aufrecht hin und versuchte zu meditieren. Auch das funktionierte nicht. Ich hatte also wieder einmal dagesessen. Allmählich bekam ich richtig Hunger auf etwas Gutes zu essen, doch ich hatte ja bei der Planung vom Retreat gewählt, nichts zu essen, sondern nur Tee zu trinken... In dem Moment der Nacht und der blinkenden Lichter bekam ich richtig deftigen Hunger auf Gemüse. Ständig hatte ich das Bild einer roten, saftigen und knackigen Paprika vor Augen. „Oh Mann!“ dacht ich mir.

Plötzlich vernahm ich ein komisches Geräusch, als würde jemand nebenan duschen. Nachdem ich ausnahmsweise wieder einschlief und erneut aufwachte, ist dieser jemand immer noch am duschen gewesen. Allmählich fragte ich mich, wieso diese Person so viel Wasser verschwendet. Gleichzeitig vertraute ich auch meiner eigenen Wahrnehmung nicht ganz, denn es fühlte sich alles sehr zeitlos an. Ich konnte nicht einschätzen, was eine oder zehn Minuten waren. Also ließ ich es dabei und akzeptierte diese Person des langen Duschens. Dann kann ich mich daran erinnern, dass ich Sabine hörte, wie sie die Türe im Flur aufmachte und mir eine Kanne Tee brachte. Sie stellte den Tee vor meine Türe und öffnete anschließend das Nachbarzimmer. Da hörte ich, wie sie feststellte, dass in dem Zimmer irgendwo Wasser aus einem Schlauch plätscherte. Es stellte sich heraus, dass der Wasserschlauch für die Toilette aus der Fassung geplatzt und wahnsinnig viel Wasser ausgedrungen war. Soviel also zu der Person, welche vermeintlich nebenan duschte.

Was mich selber in diesem Moment aber am meisten freute, war wieder der Hahn, der am Morgen seinen Gesang für uns erklingen ließ. Schnell und ganz vorsichtig ging ich zum Fenster hinüber, um mit dem Ohr dem schönen Klang zu lauschen. Und wieder einmal war in mir das Licht angegangen und sämtliche Ängste verschwanden im Nu. Alles lebte, die Autos fuhren vorbei, man hörte die Fußgänger reden und vorbeigehen. Es war also wieder ein neuer Tag angebrochen und das machte mich wirklich sehr glücklich. Interessant, über welch kleinen Dinge man sich im Leben doch freuen kann.

Einige Zeit später ist wieder einmal Bharati zu mir hereingekommen, um ein Gespräch zu führen. Das ist immer sehr schön für mich gewesen, denn da durfte ich erzählen, was ich in der Nacht so erfahren habe. Ich konnte mit ihr ungefiltert über alles sprechen und mußte mich nicht verstecken. Das schätze ich bis heute wirklich sehr an Bharati. Sie ist eine Freundin gewesen, welche immer wieder nach mir sah. Ich fühlte mich sehr gut aufgehoben.

Während dem Gespräch bemerkte ich weiterhin die extremen Blinklichter. Vor allem wenn Bharati mich besuchte, wurden sie sehr stark. Ich erzählte ihr, wovor ich Angst hatte und wie mir in der Nacht geschah. Ich hatte ihr auch erzählt, dass es mich ängstige, jemanden in der Nacht zu begegnen und damit nicht zurecht zu kommen. Es durchströmte mich Angst, verstorbenen Wesen zu begegnen, doch nach diesem Gespräch war die Angst wie verschwunden. Außerdem planten wir, wie ich am nächsten Tag die Dunkelheit verlassen möchte. Am nächste Morgen bei Sonnenaufgang würde ich das Zimmer verlassen und mich in die Natur setzen.

Die letzte Nacht war sehr ruhig und hauptsächlich von blinkendem Licht geprägt. Es zeigten sich in sogenannten Wachträumen, in denen man nicht wirklich schläft und auch nicht wirklich wach ist, ein paar wenige

Ängste. Ich befand mich in Trance. Diesmal aber waren die Ängste so, als würden sie sich verabschieden. So als würden sie nicht mehr 100% Kontrolle über mein Leben haben. Sie sind einfach etwas schwächer geworden.

In dieser letzten Nacht hatte ich fast gar nicht mehr geschlafen, dafür viel darüber nachgedacht und überlegt, was ich im Leben zukünftig anders machen möchte. In dieser letzten Phase der Dunkelheit habe ich auch noch einmal meine Freunde unter die Lupe genommen. Welche tun mir gut und welche nicht. Das hat sich sehr gesund angefühlt.

Am nächsten Tag am Morgen hörte ich wieder den Hahn und ich wusste, es ist soweit. Heute komme ich aus der Dunkelheit ins Licht und ich war schon sehr gespannt, wie das wohl sein wird. Gleichzeitig wurde ich innerlich sehr traurig, weil sich die Dunkelheit inzwischen sehr vertraut und sicher anfühlte. Wie eine Freundin oder ein Freund, den ich nun verlassen musste. Das tat mir in diesem Augenblick etwas weh. Kurze Zeit später kam der liebe Ehemann von Bharati, um mich abzuholen. Mit verbundenen Augen brachte er mich zu einem ganz besonderen Platz, wo ich meinen Augenschutz ablegen durfte. Zum ersten Mal habe ich die Natur auf einfache Art und Weise wahrgenommen. So wie sie eben ist. Lebendig und kreativ. Ohne Sorgen und mit voller Leichtigkeit. Die Bäume haben getanzt und die Vögel haben gesungen. Es war als würde das Licht in mir selber nun stärker leuchten.

Heute, ein Jahr später, trage ich immer noch die Früchte von dieser Saat. Insgesamt erkenne ich in mir selber tiefe Mechanismen, die oft sehr unterbewusst ablaufen. Ich sehe mein inneres Geschehen glasklar und bin nicht mehr so sehr von Impulsen getrieben. Vielmehr entscheide ich, welchem Impuls ich folgen möchte und erkenne, welcher auch meinem Herzenswunsch entspringt. Ich fühle mich wach und lebendig. Durch die Gespräche mit Bharati habe ich auch einiges für mich erkennen dürfen. Dies hat dazu geführt, diverse Rauschmittel nicht mehr zu konsumieren. Ich feiere den nüchternen Zustand, denn dieser ist die Natürlichkeit und Heiterkeit, mit der ich geboren wurde.

Emma aus Kassel, Deutschland, 48 Jahre

War im Juli 2016 für 7 Tage im Einzelretreat

Ich bin 48 Jahre alt, arbeite als Lehrerin und mache sehr gerne Musik. Im Sommer bin ich, so oft es geht, mit meinem Partner zum Gleitschirmfliegen in den Bergen unterwegs. Seit vielen Jahren praktiziere ich buddhistische Techniken und studiere deren Texte.

Mein erstes Dunkelretreat war zugleich mein erster Kontakt mit den spannenden Inhalten und vor allem den Menschen von Spiritbalance. Es war mein erstes Retreat im Dunkeln. Zuvor habe ich schon zwei Mal je eine Woche alleine im Stillen verbracht.

Ich interessiere mich schon sehr lange für Buddhismus und wusste, dass es in der tibetisch-buddhistischen Tradition früher Dunkelretreats gegeben hat. Einmal las ich von einer Yogini, die wunderbare Erfahrungen im Dunkeln machte und unglaubliche Fähigkeiten entwickelte. Das hatte mich sehr beeindruckt und ich überlegte lange, wie ich diese Erfahrung - zumindest im Ansatz - für mich nachstellen könnte. Ich hatte sogar schon Pläne, wie ich den Flur in meiner Wohnung abdunkeln könnte, gleichzeitig aber auch Bedenken, so ganz ohne Hilfe von außen. Durch Zufall fand ich im

Internet euer Angebot. Als ich dort las, dass es auch eine Betreuung gibt, wusste ich, dass ich es mit eurer Hilfe endlich wagen könnte.

Schon in dem Moment, als ich von eurem Angebot das erste Mal gelesen hatte, stand meine Entscheidung, ins Dunkelretreat zu gehen, fest. Die Vorstellung, alle Sinneseindrücke stark zu reduzieren und vor allem den Alltag völlig auszuschließen und nur im eigenen Kopf zu bleiben, hatte einen ungeheuren Reiz auf mich. Ich hatte den Wunsch, mir selbst ein guter Retreatgenosse zu sein und in meinem eigenen Kopf einen Ort zu finden, an dem ich es gut aushalten kann. Vielleicht könnte ich mir selbst meine eigene Zuflucht sein. Mit so einem Gefühl könnte ich mich den Herausforderungen des Lebens stellen, so hatte ich mir das vorgestellt. Auch hatte ich von den Lichterscheinungen gelesen. Die Berichte dazu wirkten aber eher befremdlich auf mich, so dass ich keinen Wunsch verspürte, Lichterfahrungen zu machen. Es sollte meine Forschungsreise zu mir selbst werden, in der „ich" als forschender Betrachter „intakt" bleiben wollte.

Ich hatte sehr große Angst, dass ich mir einfach zu viel zumuten würde. Hatte Angst, dass ich in meine eigenen Abgründe blicken würde und schreckliche Emotionen durchleiden müsste. Ich war mir nicht sicher, welche Schatten in mir hockten und nur auf diese Gelegenheit warteten, mich endgültig zu überwältigen. Meine Hoffnung war irgendwie die nötige Festigkeit zu haben. Unsicherheit machte sich breit, wenn ich daran dachte, diesen neuen Eindrücken von mir selbst zu begegnen, gleichzeitig war ich aber auch unglaublich angespornt herauszufinden, wie ich damit zurecht kommen würde. Ich wollte es wissen! Und mir schien, dass dies die beste Gelegenheit war, es zu wagen.

Gerade weil ich mit großen Ängsten und noch größeren Erwartungen in das Dunkelretreat ging, versuchte ich mich sehr gut vorzubereiten: Ich hatte eine einigermaßen stabile Grundlage, da ich schon seit Jahren regelmäßig meditierte. Verschiedene Meditationen vergegenwärtigte ich mir und einige Meditationen und Mantras sprach ich auf ein Diktiergerät, das ich mit in das Retreat nahm. So konnte ich mich von meinen eigenen Aufnahmen inspirieren lassen. Zugleich hatte ich auch eine Möglichkeit, meine Gedanken im Dunkeln festzuhalten. Außerdem habe ich Yoga und Tai Chi Übungen ausgewählt und einige Zeit zuvor immer wieder geübt, sodass ich im Dunkeln leicht ein paar Übungen machen konnte. Ich dachte mir, dass ich mir mit den Mantras, den Meditationen und den Übungen zur Not einen festeren Tagesablauf im Dunkeln geben könnte, um der Langeweile oder was auch immer kommen mochte, zu entgehen.

Meine eigenen Gedanken, ungebremst und ohne jede Ablenkung, waren die ersten Eindrücke. Ich habe viele Emotionen durchlaufen und erreichte zunehmend Zugang zu Erinnerungen aus meiner Kindheit, die schon lange verschollen waren und mich emotional aufwühlten.

Ich hatte eine Bambusflöte dabei und erlebte den Klang ganz neu. Die Sinne, die noch zur Verfügung standen, waren geschärft. Meinen Körper spürte ich neu und war fasziniert davon, wie Körper und Geist sich die Außengrenzen teilten und der Geist teilweise ganz vom Körper befreit schien. Die Träume wurden klarer und die Gedanken beruhigten sich auf eine angenehme Weise, nicht einschläfernd, sondern entspannt aufmerksam. Dann erfuhr ich Lichtreize, die zwei Tage irritierend blitzten. Nach einiger Zeit wurde der Lichtreiz ruhiger und ich ließ mir wohltuend mein Gesicht bescheinen, von was auch immer kommen mochte. Einige Zeit verbrachte ich damit, in diesem Licht nach Strukturen und Formen Ausschau zu halten, die immer wieder auftauchten, aber nicht aufzuhalten waren. Es wirkte recht vertraut und schien zu mir zu gehören. Auch erlebte ich meine Meditationen so tiefgehend wie noch nie zuvor, fühlte mich sehr geborgen und konnte mehr und mehr entspannen.

Wenn ich an meine Gefühle denke, da kamen während des Dunkelretreats die Langeweile und dann Zweifel, ob das wirklich eine gute Idee war. Erst nachdem ich diese ganzen Gefühle drei Tage lang immer wieder abgespult hatte und endlich aufgab, die üblichen Routinen aufrechtzuerhalten, konnte ich mich der Situation ganz hingeben. Von da an war es eine große Wohltat im Retreat zu sein. Mich überkam am letzten Tag eine unglaubliche Traurigkeit, weil ich mich noch nicht von diesen Erfahrungen, dieser Nähe zu mir selbst und den frischen und spannenden Emotionen trennen wollte.

Die betreuenden Gespräche in den ersten drei bis vier Tagen waren unglaublich wichtig für mich. Es half mir sehr, dass mir jemand spiegelte, was mit mir gerade geschah. Die informelle Ebene, auf der ich im Dunkeln Erläuterungen zum Dunkelretreat erhielt, halfen mir diesen inneren Prozess auch als einen körperlichen-hormonellen zu verstehen. Auf der inneren Ebene fand ich in den Gesprächen Unterstützung darin, diese Gefühle zuzulassen. Mir gefiel es auch, mich im allgemeinen Plaudern ab und zu wieder zu erden. Zudem kam die liebevolle Verpflegung. Der sanfte Ton des Glöckchens, der signalisierte, dass es etwas zu Essen gab. Die nette Stimme, die ab und zu mal fragte, ob alles in Ordnung sei, gab mir das Gefühl, in geborgener Sicherheit zu sein. All das half mir sehr, mich in die Dunkelheit zu versenken.

Ich habe durch das Dunkelretreat persönlich größeres Vertrauen in mich selbst bekommen und bin mit mir selbst auch mehr im Reinen. Es gelingt mir besser, in meine Mitte zu kommen. Auch kann ich ehrlicher auf meine eigenen Fehler und Schwächen schauen, ohne dass mich der Anblick dieser Makel ängstigt. Ja, ich kann sagen, dass ich mich selbst zunehmend besser annehmen kann. Meine Meditationen sind tiefer geworden und die Dunkelheit ist zu meinem Verbündeten geworden.

Der Wechsel meiner Gefühle, wie ich sie oben schon beschrieb, spiegelt ganz gut meinen inneren Prozess während der Dunkelheit wider. Ein wichtiger Wendepunkt kam am dritten Tag. Mein inneres Routinelaufrad kam etwas zur Ruhe und ich gab mich der Dunkelheit wirklich hin. Ab diesem Moment klärte sich der Blick auf mein Innenleben und die Lichter wurden zu meinen Zimmergenossen.

Als ich wieder „ans Licht" gehen sollte, wollte ich nicht raus, da ich wusste, dass diese neu erlebte Geborgenheit, in die ich mit mir selbst getreten war, nun aufhören würde. Es fühlte sich an wie eine Trennung von einem Liebhaber oder wie eine unfreiwillige Geburt, bei der ich das Kind bin, das (wieder) ins Leben muss. Als ich dann aber doch die Augenbinde abnahm und in den Sonnenuntergang blickte, war ich schlagartig mit dieser Situation versöhnt: So schön war diese Welt, diese Natur war einfach magisch und makellos. Und alle Tiere und Menschen bewegten sich mit einer schwindelerregenden Geschwindigkeit.

Neben den Aufgaben des Alltags wie Arbeiten gehen, Wohnung putzen und anderes hat mein inneres Erleben und Leben eine größere Bedeutung gewonnen. Ich kann mir zur Zeit nicht vorstellen, dass ich in diesem Leben jemals wieder ohne Meditation und Einkehr sein möchte. Es gelingt mir nun öfters Abstand zu allen Geschehnissen zu halten, destruktiven Gedankenmustern zu entkommen und meine emotionale Mitte schneller wiederzufinden.

Eine Dunkelretreat-Erfahrung würde ich prinzipiell jedem Menschen empfehlen - was ich auch tat, als ich wieder zu Hause war. Mit etwas Abstand glaube ich aber, dass man es wollen muss. Jemand, der eigentlich gar kein Dunkelretreat machen will, wird wohl keinen Schaden nehmen, aber wohl auch kaum etwas entdecken oder sogar mitnehmen können. Wer auch immer es sich wünscht, aber aus Furcht den Schritt nicht wagt, sollte sich unbedingt einen Ruck geben: Der Mut wird belohnt.

Unbedingt plane ich nochmals ein Dunkelretreat zu machen! Gerne auch länger als 7 Tage. Mein Tipp an Interessierte ist es, sich einen ausreichend großen Zeitraum zu schaffen. Denn zusätzlich zu den Tagen im Dunkeln, ist es ratsam auch Tage zuvor und vor allem danach einzuplanen. Mir persönlich fiel das Autofahren über 50 km/h auch am zweiten Tag im Licht noch schwer.

Philipp aus Flöha, Deutschland, 32 Jahre

War im August 2016 für 6 Tage im Einzelretreat

Ich bin Philipp und habe meine Wurzeln in einer Kleinstadt namens Flöha in Sachsen. Fünf Jahre lang arbeitete ich im Vertrieb einer kleinen High-Tech Firma. Nun beginne ich durch die Welt zu reisen. Das war mein erstes Retreat im Dunkeln und ich habe durch die Internetpräsenz von Spiritbalance davon erfahren. Den Entschluss dazu habe ich im Frühjahr 2016 gefasst. Ich bin mit dem Wunsch und der Vorstellung ins Dunkelretreat gegangen, zu mir selbst zu kommen und eine Entscheidung bzgl. meines Lebensweges zu treffen (Kündigung, Weltreise). Zur Vorbereitung auf das Retreat hab ich mich 2 - 3 Monate im Voraus vegan ernährt.

Hatte ich Ängste, Bedenken oder Unsicherheiten? Ja und Nein! Ja, ich hatte Angst, weil es das erste Mal für mich war, eine relativ lange Zeit allein in der Dunkelheit zu sein und ich unsicher war, was meine Seele so sagen könnte und welche Bewusstseinszustände sich bei mir einstellen würden. Nein, weil ich mich wohl und herzlich beraten und betreut gefühlt habe. Nein, weil ich wusste, dass ich selbst diese Entscheidung getroffen hatte und frei bin, jederzeit aufzuhören oder zu gehen.

Im Dunkelretreat habe ich erlebt, wie verschiedene Lebensthemen „hochgekommen“ sind und ich diese für mich neu ansehen konnte. Ich habe mein Leben, meine Eltern und Großeltern gesehen. Dabei spürte ich eine tiefe Verbundenheit, Liebe und Kraft zu ihnen. Es war, als würde ich auf einmal sehr klar sehen, welch wunderbare Personen mir all die Zeit zur Seite standen und stehen, mit wieviel Liebe ich beschenkt bin und welch große Kraft ich dadurch habe. Ich musste weinen. Während meines Dunkelretreats habe ich mich hungrig gefühlt. Ich habe mich auf den Smoothie und das Zimbeln zweimal am Tag gefreut. Irgendwann hab ich gemerkt, dass das Gefühl im Bauch, welches ich bisher als Angst bezeichnet hatte, einfach Hunger war.

Während des Retreats fühlte ich mich jederzeit gut begleitet und betreut. Ich durfte soviel Unterstützung im Gespräch in Anspruch nehmen, wie ich brauchte und war auch frei, allein mit mir selbst zu sein. Ich habe im Dunkelretreat die Entscheidung getroffen, meinen derzeitigen Job zu kündigen und auf Weltreise zu gehen.

Mein innerlicher Prozess im Dunkelretreat begann hochmotiviert. Ich war dankbar, Zeit mit mir selbst verbringen zu können. Anfangs habe ich den Tag etwas strukturiert: Zähneputzen, Waschen, leichte Dehnübungen, zwei Flaschen Wasser trinken... Doch nach zwei bis drei Tagen verlor ich die Struktur mehr oder weniger. Ich lag einfach viel im Bett und bin irgendwann zum Duschen, wenn ich Abwechslung brauchte. Ich konnte immer weniger unterscheiden, ob ich die ganze

Zeit wach da lag und in Gedanken war bzw. vor mich hin döste und träumte, oder ob ich schlief. Gefühlt war ich den Großteil der Zeit hellwach.

Am Ende (ca. 5./6. Tag) überkam mich die Freude und Gewissheit, dass ich erreicht hatte, was ich wollte: Klarheit für meinen Weg und über mich selbst. Nachdem ich innerlich gefunden hatte, was ich suchte, habe ich nach 6 Tagen selbstständig nachts aus dem Fenster geschaut, die Sterne betrachtet und irgendwann das Morgenrot gesehen. In mir entstand ein Gefühl von Freude und Tatendrang für die nächsten Schritte. Mein Leben hat sich so verändert, dass ich nun auf Weltreise bin. Ich bin mutiger und sicherer geworden, da ich in mir selbst alles gefunden habe, was ich brauche. Eine Dunkelretreat-Erfahrung empfehle ich Menschen, die das Gefühl haben, dieser Weg könnte ihnen helfen, sich selbst zu begegnen und bei sich anzukommen.

Aktuell plane ich kein erneutes Dunkelretreat, da ich derzeit reise und bevorzuge, etwas von der Welt da draußen zu sehen. Ich möchte euch aber mitteilen: Ich schätze die Herzlichkeit, mit der ihr mir begegnet seid und mit der ihr mich in eurem Haus aufgenommen habt. Ein kleines Kind, welches mit mir am Tage nach meiner Dunkelretreatzeit am Esstisch saß, spielte mit zwei Spielzeugzebras und schlug sie gegeneinander. Auf meine Frage: „Streiten die beiden sich oder küssen sie sich?“ erhielt ich die Antwort: „Sie lieben sich.“ Ein Moment, der für mich eure herzliche und wunderbare Art beschreibt.

Maurice aus Halle, Deutschland, 30 Jahre

War im September 2016
für 11 ½ Tage im Einzelretreat

Tja, was soll ich sagen, ich lebe und lerne. Eines Tages erfuhr ich in einem Buch über Dunkelretreats. Sofort beim Lesen habe ich mich dazu entschieden, selber diese Erfahrung zu machen. So ging ich ohne große Vorbereitung in mein erstes Dunkelretreat, mit dem Wunsch, mich selbst besser kennenzulernen. Jedoch gab es auch Bedenken. Genaugenommen hatte ich Angst, dass ich an meine Grenzen stoßen und sie nicht überschreiten könnte. Und dann ging die Reise in die Dunkelheit auch schon los.

Anfangs fühlte ich mich gut. Gegen Mitte des Retreats habe ich mich eher schrecklich geängstigt. Ich habe viel erlebt. Von Todesangst, Paranoia, Befreiung von alter Trauer bis hin zu wunderschönen Erinnerungen an meinen verstorbenen Opa, war alles dabei. Zum Ende hin war ich euphorisch und voller Tatendrang. Jedoch mischte sich die Euphorie mit Gefühlen der Angst, diese Energie nicht nutzen zu können.

Ich habe durch diese Erfahrung in der Dunkelheit mein Urvertrauen wieder bekommen und dauerhaft 10 kg abgenommen, was mich natürlich sehr freut. Auch mein Tatendrang ist nach dem Retreat etwas erhöht gewesen, wobei das nach fast 8 Monaten dann wieder etwas nachgelassen hat.

Zurück im Licht, nach dem Retreat, war alles sehr hell. Es war ungewohnt, wieder zu sehen. Jedoch empfand ich es auch als toll, die Augen wieder benutzen zu können. Nach dem Dunkelretreat beobachtete ich, dass sich mein Denken über mich selbst verändert hatte. Auch die Art und Weise wie ich nun mit mir umgehe, ist anders geworden.

Grundsätzlich würde ich vielen eine Dunkelretreat-Erfahrung empfehlen, da es eine gute Möglichkeit ist sich selbst besser kennenzulernen. In meinem näheren Bekanntenkreis jedoch sind die Menschen eher unbewusst und allen kommt ein Dunkelretreat verrückt vor. Ich selbst plane definitiv erneut ein Dunkelretreat. Es wird leider nicht länger sein, als mein erstes, da mein Chef mir keinen längeren Urlaub genehmigt. Aber ich habe mir fest vorgenommen, das zu wiederholen und auch zu vertiefen.

Thomas aus Pfaffstätten, Österreich, 39 Jahre

War im Oktober 2016 für 10 Tage im Stilleretreat

Ich bin geboren im Tierkreiszeichen Krebs mit Aszendent Skorpion im Juli 1977 in Oberösterreich. Ich arbeite zum einen als IT Manager/Administrator und Berechnungsingenieur in einem Großkonzern, welcher Schienenfahrzeuge herstellt. Zum anderen engagiere ich mich als Humanenergetiker in eigener Praxis für Einzelsettings und Gruppen. Ich bin verheiratet und Vater eines tollen Sohnes.

Mein „spiritueller Weg" begann mit Kriya-Yoga als ich ungefähr 19 Jahre alt war. Zwischenzeitlich ist das dann etwas in den Hintergrund gerückt. Aber als ich in Schauspielkursen erfahren durfte, dass ich auf mein Gespür vertrauen kann, bahnten sich die dem Techniker in mir nicht erklärlichen Erfahrungen ihren Weg vehement. Ich war 2016 Teamleader im Human Trust bei Veit Lindau und habe dort auch den Online-Kurs „Schreibglück" gemacht. In diesem Umfeld bin ich auf Saskia Johns Buch „Grenzerfahrung Dunkelretreat" gestoßen. Da klang etwas in mir an und ich befragte das Internet. Nach einigen Recherchen fand ich heraus, dass Dunkelretreats sogar in Deutschland angeboten werden. Ein Telefonat später war mein Beschluss für eine persönliche Erfahrung im Dunklen besiegelt. So brachte mich meine innere Führung letztendlich zu einem zehntägigen Retreat in völliger Dunkelheit.

Ich bin mir bis jetzt nicht sicher, ob es wirklich ich war, der sich für das Retreat entschieden hat. Ich meine, es hat sich alles einfach recht gut gefügt. Das letzte Geld reichte, es waren mit dem Feiertag in Österreich noch genug Urlaubstage übrig und die Organisation der Betreuung für den Sohnemann hat mühelos geklappt. Somit war es klar, dass diese Ruhe, Auszeit und Erfahrung einfach dran war. In meinem Fall ging alles recht spontan und zügig, denn vier Wochen später war es schon soweit.

Ich hatte in den Monaten vor dem Dunkelretreat bemerkt, dass ich kaum mehr runter kam. In Meditationen konnte ich einfach keine innere Ruhe mehr finden und das machte mich noch aufgewühlter. Ich wollte wieder zu mir finden und meiner inneren Stimme lauschen.

Ich hatte auch die Vorstellung, dass es schön wäre, wenn im Retreat der Masterplan für mein zukünftiges Leben in mir auftauchen würde. Selbst wenn es mir kein primäres Anliegen war, so dachte ich, dass es auch interessant wäre, Übersinnliches zu erfahren. Außerdem wollte ich mich auch ganz banal mal so richtig ausschlafen. Schließlich bin ich in den letzten Jahren oft mehrmals pro Nacht wegen meines Sohnes aufgestanden.

Ich gebe zu, ich hatte schon einige Bedenken vor dem Dunkelretreat. Ich war mir unsicher, ob das Thema „sich eingesperrt fühlen“ nicht vielleicht in diesem Kontext wieder auftaucht. Ich hatte in der Kindheit diesbezüglich traumatische Erfahrungen und da stieg die Sorge auf, dass ich es vielleicht nicht aushalten würde. Deshalb bin ich auch mit dem Auto angereist, um möglichst flexibel zu sein. Die Ernährung während meines Dunkelretreats basierte auf Rohkost. Das gab mir weitere Bedenken, da ich diese Ernährungsform nicht gewohnt war. Beides ist in der Realität dann aber, Gott sei Dank, überhaupt kein Thema gewesen.

Meine Vorbereitung für die Zeit in völliger Dunkelheit hielt sich in Grenzen. Ich suchte mir lediglich die Wegbeschreibung zum Ort des Geschehens heraus, besorgte mir ein Diktaphon und lud einige Meditationen und Meditationsmusik drauf. Darüber hinaus machte ich mir wenige Gedanken, da es eine innere Sicherheit gab, dass es schon genau richtig für mich werden würde. Außerdem wollte ich auch gar nicht mehr Vorbereitung, um möglichst ungefiltert meine eigenen Erfahrungen machen zu können. So habe ich zum Beispiel bewusst das Buch von Saskia John nicht bestellt. Ich dachte mir, dass ich zu Profis ins Dunkelretreat fahre, welche kompetent und herzlich wirken. Ich hatte das Vertrauen, dass da nichts schief gehen wird. Und dann kam der Tag, an dem die Reise in die Dunkelheit begann.

Im Dunkelretreat angekommen habe ich Frieden, Stille, Verwirrung, extreme Klarheit, inneren Kampf, Angst und Einssein erlebt. Teilweise konnte ich die wilde, aufsteigende Energie nicht kontrollieren. Da habe ich einfach darauf vertraut, dass alles richtig ist, so wie es ist. Einige Meditationen waren unglaublich bereichernd. So durfte ich selbst erfahren, wovon Yogi Dhiranandaji mir vor 20 Jahren erzählt hatte. Ich sah strahlend goldenes Licht und hörte den kosmischen Ton in einer Intensität, die ich mir vorher nicht hätte träumen lassen. Ein Erlebnis, welches reproduzierbar und berauschend ist, wenn auch vorerst nur in der Zeit im Dunkeln. Solch spirituelle Erlebnisse gehen weit über den menschlichen Verstand hinaus. So konnte mir diese Erfahrung letztendlich nicht einmal mein Verstand erklären, beziehungsweise schlecht reden. Seine Versuche mich davon zu überzeugen, dass vermutlich nur die Sonne hervorgekommen ist und alles nur Einbildung sein könnte, scheiterten. Nein, das waren keine Sinnestäuschungen und falls doch, dann waren es unglaublich trickreiche. Weiters hatte ich es während der Zeit im Dunkeln auch im Hinblick auf gewisse Wortwitze sehr lustig mit mir. So bekamen folgende, gängige Formulierungen eine gänzlich neue Bedeutung für mich: „Abwarten und Tee trinken", „Schattendasein", „Im Dunkeln ist gut munkeln", „Sonnengruß", „schwarze Gedanken" und „Lichterfest".

Ich habe mich während meines Dunkelretreats generell sehr gut aufgehoben und sicher gefühlt. Dabei ist mir in den Sinn gekommen, dass die Finsternis äußerst friedlich ist. Sie ist nicht die Abwesenheit von Licht, wie ich immer dachte, sondern das Ursprüngliche. Dass wir eine Sonne so nah haben, ist quasi der Jackpot. Außerdem gab es einen Moment beim Duschen, wo mir klar geworden ist, dass ich mich selbst richtig gut leiden kann. Diese wundervolle Selbstannahme und Selbstliebe bekam nochmals eine tiefere Bedeutung für mich. Die Dunkelheit hat mich auch gelehrt, wie unwichtig und wichtig zugleich meine Person Thomas ist.

Rückblickend kann ich über das Dunkelretreat sagen, dass es zu Beginn komisch und teilweise verwirrend war. Ich hatte die ersten beiden Tage viel geschlafen und beim Aufwachen wusste ich zum Beispiel irgendwie dass es jetzt Tag ist und es nicht stimmt, dass es dunkel ist. Dies war von einer kurzen inneren Panik begleitet, die dann aber schnell verflog, als ich mich erinnerte, wo ich war. Dann kam eine Phase in der ich es aus vollen Zügen genoss, nichts tun zu müssen. Und dann klopfte der transformatorische Teil an die innere Türe. Durch die geführten Meditationen am Diktaphon und das Kriya-Yoga gelang es mir eine fantastische Ent-Wicklung hinzubekommen.

Nach dem Dunkelretreat kam natürlich der Moment, als ich wieder ans Licht gegangen bin. Das war ein wenig unheimlich. Ehrlich gesagt hatte ich es mir nicht so wild vorgestellt, wie ich es empfand. Es dauerte sehr lange, wirklich Stunden, bis ich wieder da war. Ich empfand das Betrachten der Welt als totalen Überfluss, wenn ich mich auf all das einlassen würde. Ich war mir sicher, dass mein System in der Vielfalt, die sich mir zeigte, durchbrennen würde. Darüber hinaus fühlte ich mich total schwindelig. Aber ich sehe jetzt noch diese magisch-grünen Grashalme vor meinem inneren Auge. Sie waren das erste, was ich aus dem Schlitz unter der Maske erkennen konnte. Auch diese feuerroten Blätter an einem Strauch werde ich wohl niemals mehr vergessen und natürlich den Sonnenuntergang ebenso wenig!

Der Aufenthalt im Dunkelretreat hat mich mit einer inneren Sicherheit erfüllt, die ich in Worten gar nicht gut beschreiben kann. Dies zieht sich in alle Lebensbereiche hinein und ist, wie gesagt, schwer erklärlich. Es fühlt sich an als wäre damit eine Tür aufgestoßen worden zu einem völlig neuen Lebensabschnitt. Die Arbeit in meiner Praxis als Humanenergetiker hat davon stark profitiert. Es hat nicht alles einfacher gemacht, das will ich gar nicht schön reden, aber ich habe eine Tiefe erreicht, die mich demütig still werden lässt.

Annette aus Hersbruck, Deutschland

War im Oktober 2016 für 3 Tage im Schnupperretreat

Da ich ein Naturmensch bin und mich gerne in der freien Natur bewege, habe ich mich erst einmal auf ein Wochenend-Retreat eingelassen. Die Ein- und Hinführung wurde sehr liebevoll gestaltet. Ich durfte das Licht der Kerze löschen und ging im Herzen leuchtend in die Dunkelheit. Es war erstaunlich, wie ich mich doch ohne Zögern und Zaudern im Dunkeln zurecht fand. Ich war teilweise hellwach, klar in Gedanken und habe gefühlt. Geschlafen habe ich nicht so viel. Es gab zwei Momente, in denen ich in der Dunkelheit tatsächlich sehen konnte. Einmal erkannte ich die weiße Wand und ein anderes mal waren die weißen Kosmetiktücher klar sichtbar. Auch das Sideboard musste ich auf meinem Weg nicht abtasten - ich sah es stehen. Und so wie ich einen klaren Geist hatte, wurde ich doch in einem Traum in eine tiefe dunkle Begebenheit geführt, die ich ähnlich vor langer Zeit träumte. Dass schon in dieser kurzen Zeit im Dunkelretreat diese Wahrnehmungen und Empfindungen entstehen, hat mich erstaunt. Und jetzt noch nach sechs Monaten, werde ich jedes Mal still und ruhig, wenn ich mich hier im Alltag wieder hinein denke und fühle. Es wirkt nachhaltig und intensiv - immer noch. Danke für diese Erfahrung.

Stefanie aus Hamburg, Deutschland, 50 Jahre

War im November 2016 für 10 Tage im Einzelretreat

Ich bin Steffi, Mutter einer inzwischen 19 jährigen Tochter, arbeite als Familienkinderkrankenschwester, Sterbe- und Trauerbegleiterin für große und kleine Menschen und habe die staatliche Anerkennung psychotherapeutisch arbeiten zu dürfen. Nach einer 3-jährigen schamanisch inspirierten Ausbildung in der traditionellen Medizin, habe ich unter anderem begriffen, dass alles über Zeit und Raum miteinander verbunden ist. Ich bin ein Teil von allem! Ich muss nicht retten und ich muss keine Lösungen haben. Das Bewusstsein ist um uns herum und Heilung geht nur von einem selber aus.

Als ich vor vielen Jahren über Dunkelretreats in einem Buch las, hat mich das beeindruckt. Danach war ich viele Jahre auf der Suche nach einem passenden Angebot, bis ich eines fand. Als ich das Gefühl hatte, ich kann mich anvertrauen und die Betreuung ist mir gewachsen, entschied ich mich für die Teilnahme. Das war mir ganz wichtig! Ich hatte Geld geerbt und so konnte ich es mir auch leisten.

Ich hatte mir gewünscht meine Seele in der Dunkelheit zu Wort kommen zu lassen, das Ego mal mundtot zu machen und herauszufinden, was dann ist. Ich wollte wissen, ob mit dem wie ich bin und lebe alles in Ordnung ist, oder ob alles nur eine Farce ist und ich mir selber durch das von Außen auferlegte etwas vormache.

Da ich seit Jahren ein Urvertrauen ins Große Ganze habe, hatte ich keine Ängste im Hinblick auf das bevorstehende Retreat. Allerdings hatte ich Sorge, dass ich es einfach durchziehe, obwohl es auch gut und in Ordnung wäre es abzubrechen. Ich war nicht sicher, ob ich den Punkt respektieren könnte. Zur Vorbereitung auf das Dunkelretreat habe ich meine Verbündeten aus anderen Dimensionen um Schutz gebeten. Mein Bettzeug und meine Trommel nahm ich ins Retreat mit. Und dann ging es schon los.

Während des Dunkelretreats habe ich Langeweile und Wortfindungsstörungen erlebt. Ich hatte die einfachsten Liedertexte vergessen. Ich erfuhr Gedankenkarusselle und fragte mich, wieviele Gedanken wohl in eine Minute passen? Es kamen auch Wut, Erstaunen, Kälte und Schmerzen in mir hoch. Da war unglaublich viel Licht und ich hatte Begegnungen mit meinem vorherigen Leben. Immer wieder nahm ich Zeichen des Vertrauens und des Schutzes wahr.

Ich muss jedoch auch sagen, dass ich mich in der Dunkelheit nicht gut gefühlt habe. Mir war so kalt und ich habe mich so gelangweilt. Und immer war überall Licht. So durfte ich feststellen, dass Dunkelheit potentielles

Licht ist. Eigentlich wollte ich nur meine Ruhe haben und schlafen. Jedoch war ich nicht müde. Ich habe kaum geträumt und immer nur gedacht. Es war so anstrengend und nervig. Das Ego mischte immer mit, entzog mir das Gefühl zu meiner Seele und irritierte mich mit Schmerzen. Ich war wütend und diskutierte und haderte mit meinem Ego. Ich spielte in Gedanken „Stadt Land Fluss“ und stellte mir Fragen. Große und kleine, auf die ich nur bedingt Antworten bekam. Immer wieder tauchten Bilder und viel Licht und Schatten um mich herum auf. Plötzlich konnte ich Lichtbuchstaben auf Gegenstände schreiben.

Ich erlebte meine Zeit in der Dunkelheit als nervig und wusste nicht warum ich das eigentlich mache. Ich war wütend, weil Bharati die ersten vier Tage nicht im Haus war und ich doch nur ihretwegen das Retreat nicht um die Ecke in Lüneburg gemacht habe und ihretwegen von Hamburg bis ans Ende der Welt gefahren bin. Die anderen beiden Mitarbeiterinnen waren total nett, liebevoll und sympathisch, aber ich hatte nicht das Gefühl von Sicherheit. Ich wollte abbrechen, aber vorher mit Bharati sprechen. Nach dem Gespräch war ich sicher, dass ich durch mich selbst geschützt bin. Alles ist gut. Vielleicht mache ich es nie wieder... lass es einfach laufen, sagte ich mir. Das Ego habe ich dann angeschnauzt und mir mal in Ruhe die Bilder angesehen. Es waren alte Leben von mir und unzählige verlorene Seelen, die noch in Zwischenwelten steckten. Da ich vor dem Retreat schon Kontakt zu Verstorbenen hatte, hat es mich nicht erschreckt so vielen zu begegnen, die alle ins Licht geschickt werden wollten. Fast am Ende gab es zwei beeindruckende Erkenntnisse. Einmal eine Vision von einem Mann, der mir begegnen wird, mich liebt, begehrt und mich was lehrt und das ganze umgekehrt. Das war mein Wunsch ans Universum viele Jahre zuvor gewesen.

In der letzten Nacht hatte ich ein schönes Erlebnis. Da habe ich das erste mal GEFÜHLT, dass ich ein guter Mensch bin. So wie ich bin mit all meinen Schattenseiten. Die Erkenntnis, dass ich nichts leisten muss um liebenswert zu sein und dass ich frei von Schuld bin. Das war sehr berührend.

Während des Dunkelretreats hatte ich auch das Liebeslichtmantra praktiziert. Für alle Menschen, die mir so einfielen, mit denen ich sowohl im Guten als auch im Kontaktabbruch war. Jedoch fiel es mir sehr schwer mich zu konzentrieren. Wochen nach dem Retreat haben sich diese Menschen zum Teil (nach mehr als 10 Jahren) bei mir gemeldet. Das war erstaunlich.

Was mir das Dunkelretreat persönlich noch gebracht hat? Erst war ich nur froh raus zu sein. Die Wiedergeburt morgens in den Tag hinein war einmalig, unfassbar und schön. Ich war zwar sehr verlangsamt, aber ich bin dann gleich spazieren gegangen und habe erstmal in der Sonne auf einem Berg eine geraucht. Ich bin dann - und ich rate jedem davon ab das auch so zu tun - mit dem Auto nach Hamburg gefahren. Das war dumm. Ich war so verlangsamt, dass ich das Gefühl hatte, wenn ich den Kopf drehe, dauert es zirka eine Sekunde bis der Blick hinterher kommt. Das ist beim Autofahren natürlich nicht so günstig. Bei allem habe ich mich erschrocken. Also, passt gut auf euch auf. Aber mich hätte wohl auch keiner halten können. Ich wollte raus aus dem Dunklen und aus dem Räucherstäbchengeruch.

In Hamburg angekommen habe ich die Zeit im Retreat verdrängt. Nach zirka zwei Wochen kam ich mit voller Macht in die Wechseljahre und auch sonst erlebte und erlebe ich mich anders. Diese Nachwehen sind unglaublich. Ich bin so glücklich, weil ich bin und fühle mich bei mir angekommen. Ich bin entspannt, gelassen, im Vertrauen und meilenweit von meinen impulsiven Reaktionen entfernt. Die Zeit in der Dunkelheit hat mich dahingehend verändert, dass ich sehr viel gelassener mit mir und auch mit meinem Gegenüber bin. Das ist großartig und entspannt mich sehr. Mir ist kurze Zeit nach dem Retreat der Mann begegnet, den ich in der Vision gesehen hatte. Das hat mich mehr als erstaunt. Er sah genauso aus, wie in meiner Vision. Ich ernte gerade die Früchte, die ich gesät habe und ich kann sie annehmen und genießen.

Der Moment als ich nach dem Dunkelretreat wieder ans Licht kam, war wirklich wie wenn man geboren wird. Morgens bin ich aus der Dunkelheit geholt worden und ich habe dann draußen, eingewickelt in Decken, die Novembersonne aufgehen sehen. Ich hätte mir mehr Zeit gelassen, aber ich fühlte, dass jemand neben mir ist. Das hat mich leider etwas abgelenkt. Am Ende war es die Hauskatze, die sich zu mir gesellte. Es war schön, sehr schön sogar. „Wie furchtbar für die Babys, die im Kreißsaal ins Neonlicht geboren werden", dachte ich mir.

Ich persönlich würde nur jenen Menschen ein Dunkelretreat empfehlen, die auch in brenzligen Situationen ein gewisses Urvertrauen haben. Menschen, die meditieren können, sind ganz klar im Vorteil.

Hans-Uwe aus Hainichen, Deutschland, 60 Jahre

War im Dezember 2016 für 10 Tage im Einzelretreat

Ich war 28 Jahre verheiratet und wir haben vier Kinder. Durch verschiedene Erfahrungen kam ich in eine Spirale meiner Kindheit, die mich nicht mehr los ließ. Ich war bei zwei Psychologen. Leider brachten die Sitzungen nicht das gewünschte Ergebnis.

Mein Dunkelretreat im Dezember 2016 bei Bharati und Martin war meine erste Erfahrung im Dunkelretreat. Meine Vorstellungen waren, dass ich aus der Endlosschleife meiner Kindheit heraus komme und vielleicht die Vergangenheit aufgearbeitet werden konnte.

Zur Vorbereitung auf mein Dunkelretreat hielt ich mich einen Tag bei mir zu Hause in einem dunklen Raum auf, um zu sehen, ob ich Angst im Dunkeln habe. Ich stellte fest, dass ich keine Angst hatte und es wurde ein Termin zur Durchführung mit Bharati vereinbart.

Da ich sehr offen für Neues bin, war ich neugierig darauf, was mich erwartet. An den ersten drei Tagen erzählte ich in den Gesprächsstunden was mich belastet. Ich sah am ersten Abend einen leichten Lichtschein und anschließend Bilder, welche ich nicht deuten konnte, da sie sehr schnell wechselten. In der zweiten Nacht sah ich einen Lichtschein, so stark wie eine Glühlampe. Bharati erklärte mir, dass es das göttliche Licht sei, was ich gesehen habe. Ich vermute, dass mit zunehmendem Erzählen meiner Probleme der Tinnitus meines Ohres zugenommen hatte. Am dritten Abend hatte ich starke Ohrenschmerzen und konnte nicht schlafen. Am darauffolgenden Tag setzte ich die Gesprächsstunde mit Martin fort. Er zeigte mir eine Technik, wie ich mich wohler fühlen kann. Außerdem zeigte er mir, wie ich mich aus der Vergangenheitsspirale lösen konnte. Und es funktioniert heute noch. Mir kam im Dunkeln immer wieder eine Erinnerung an eine OP in den Kindheitstagen in Erinnerung. Martin versetzte mich in Trance und ich sah Bilder von einem vergangenen Jahrhundert. Anschließend erklärte er mir, da ich diese Bilder weder gesehen noch erlebt habe, dass sie aus einem früheren Leben von mir stammen.

Bharati erklärte, dass man innerhalb der zehn Tage sein Zeitgefühl verliert. Leider war es bei mir nicht so. Teilweise hatte ich das Gefühl von Langeweile und ich fing am sechsten Tag an zu frieren. Am siebten Tag wollte ich das Dunkelretreat abbrechen. Durch ein Gespräch mit Bharati habe ich erfahren, dass der Körper sich nun wehrt und ich kurz vor dem Durchbruch zu meinen Gefühlen stand. Es wurden Entspannungsübungen im Anschluss durchgeführt und ich entschloss mich zum weiteren Bleiben in der Dunkelheit. Leider hat mich der Tinnitus davon abgehalten, zu meinem Inneren zu gelangen. Mir persönlich hat das Dunkelretreat dabei geholfen, dass die Erinnerungen an meine Vergangenheit nicht mehr hochkommen. Seit der Dunkeltherapie sehe ich die Farben sehr viel deutlicher als vorher.

Der Moment als ich wieder „ans Licht gegangen" bin, fand am frühen Morgen, kurz vor dem Sonnenaufgang statt. Ich wurde hinaus auf die Terrasse zu einem Stuhl geführt. Dort wurde ich in Decken gehüllt und bekam heißen Tee zu trinken. Zuerst hatte ich die Augenmaske unten leicht angehoben, damit etwas Licht an meine Augen kam, welche ich noch geschlossen hielt. Dann nahm ich die Augenmaske bei geschlossenen Augen ab. Ich blinzelte anschließend, bis ich die Augen ganz aufgeschlagen hatte. Der Blick von der Terrasse ins Tal war wunderbar, denn Nebelschleier umhüllten die weitere Umgebung.

Eine Veränderung - innerlich und in meinem Leben - hat sich nach dem Dunkelretreat insofern ergeben, dass ich das Leben jetzt nicht mehr als Belastung sehe, sondern als Geschenk der Natur. Mein Selbstbewusstsein hat sich wieder stabilisiert. Allen Interessenten schlage ich vor, sich mit Beiträgen aus YouTube vertraut zu machen. Wenn dann der innere Wunsch besteht oder größer wird, würde ich ein Dunkelretreat ins Auge fassen. Pläne für ein weiteres Dunkelretreat habe ich aktuell keine konkreten. Zur Zeit beschäftige ich mich mit Familienaufstellung, welche mir auch sehr gut tun. Der Gedanke über einen weiteren Aufenthalt im Dunkeln kam mir aber schon.

Manuel aus Röllbach, Deutschland, 34 Jahre

War im Dezember 2016 für 12 Tage im Einzelretreat

Ich arbeite als Softwareentwickler. Mit Themen rund um das Bewusstsein beschäftige ich mich schon recht lange. Dabei gab es immer wieder Zeiten, in denen ich mich mal mehr und mal weniger damit auseinandergesetzt habe. Seit ca. ein bis zwei Jahren beschäftige ich mich allerdings wieder sehr intensiv damit. Auslöser dafür waren wohl ein paar Meditationen, in denen ich Bewusstseinszustände erfahren konnte, die mich nicht mehr losgelassen haben. Um mehr darüber zu erfahren und um diese Erlebnisse zu vertiefen, besuchte ich verschiedene Kurse und Seminare, in denen ich neue Wege und Methoden ausprobieren konnte. Darunter waren verschiedene Yogakurse, Seminare über christliche Mystik, Zen-Buddhismus, Meditations- und Schweigeretreats und einiges mehr.

Von der Möglichkeit, an einem Dunkelretreat teilzunehmen, habe ich während eines Mystik-Seminars erfahren. Die Seminarleiterin erzählte davon und erklärte uns Teilnehmern, dass ein Dunkelretreat auch als eine Art spiritueller Beschleuniger wirken kann. Das Dunkelretreat sei eine Art D-Zug, der seine Passagiere schnell in die Tiefen ihres verborgenen Wesens bringt. Schon während des Seminars war ich total fasziniert davon, sodass es eigentlich schon beschlossene Sache für mich war, ein solches Retreat unbedingt einmal auszuprobieren. Entschlossen habe ich mich schon während des Seminars, in dem ich davon das erste mal hörte. Anschließend informierte ich mich natürlich umfangreich über das Thema, was aber meine Faszination dafür nur noch vergrößerte. Ein paar Wochen später rief ich dann in Sasbachwalden an und machte einen Termin aus.

Ich stellte mir vor, dass ich durch den tagelangen Reizentzug einen einfacheren und besseren Zugang zu meinem Inneren bekommen könnte, als wie das in einem normalen Retreat möglich wäre. Meine Vorstellung war, durch das Retreat meine Praxis zu vertiefen und zu beschleunigen. Natürlich hoffte ich auch auf eine außergewöhnliche Erfahrung, wie beispielsweise eine Astralreise. Darauf lag aber nicht mein Hauptfokus. Ängste oder Bedenken hatte ich gar keine und habe mich auch nicht direkt auf das Dunkelretreat vorbereitet. Ich habe einfach zuvor schon einiges an Methoden und Praktiken gelernt, die ich während des Retreats üben konnte, sodass ich eigentlich zuversichtlich war, dass mir im Dunkeln nicht die Decke auf den Kopf fallen würde.

Die ersten Tage habe ich tatsächlich viel geschlafen. Zwischendurch habe ich immer wieder meditiert. Im Gegensatz zu meiner bisherigen Meditationspraxis habe ich auch viel im Liegen meditiert. Da ich insgesamt viel schlief, konnte ich auch dabei die Konzentration gut halten und bin währenddessen nicht eingeschlafen. Früh duschte ich als erstes, was mir im Dunkeln widererwarten keine Probleme bereitete und machte anschließend einige Yogaübungen, um den Kreislauf in Schwung zu bringen. Das ging erstaunlich gut. Bevor ich mit den Übungen startete, prüfte ich durch vorsichtiges Abtasten, dass alle Wände weit genug weg waren, legte dann meine Yogamatte auf den Boden und fing an. Anschließend schlürfte ich meistens mein Frühstück in Form eines leckeren Smoothies. Dann wechselte ich ab mit Meditieren, Schlafen, im Sessel sitzen und Nachdenken, usw.

Einmal am Tag gab es das Einzelgespräch, was für mich sehr hilfreich war. Hierbei konnte ich alles besprechen, was mir gerade durch den Kopf ging. Sehr gut fand ich auch, dass die Gesprächspartner wechselten. Das war deshalb gut, weil doch jeder im Ashram einen etwas anderen Schwerpunkt bzw. unterschiedliche Stärken hat. So konnte ich an einem Tag etwas mehr über meine Erlebnisse und Schwierigkeiten sprechen, an einem anderen Tag wurde ich von jemandem durch eine Meditation geleitet oder lernte etwas über Ernährung, Meditation und Gesundheit.

In den ersten Tagen brachen die Gedanken über mich ein. Ich konnte mich nur sehr schwer konzentrieren, da durchgehend irgendwelche unnützen Alltagsgedanken in meinem Kopf zirkulierten. Das brachte mich schon fast an den Rand des Wahnsinns – aber nur fast. Mit der Zeit wurden die Gedanken dann weniger, sodass auch die Meditation ruhiger und tiefer wurde. Ab dem Moment wo die Gedanken ruhiger wurden, wurde auch mein Körper irgendwie feinfühliger bzw. klarer. Das merkte ich vor allem beim Meditieren im Liegen, da ich dann körperlich entspannter war, als in der Sitzmeditation. Das fühlte sich dann teilweise so an, als würde der Körper ein wenig schwingen. Gutes Gefühl.

Nach ein paar Tagen hatte ich einen luziden Traum. Im Traum wurde ich mir bewusst, weil ich in der Traumwelt im Hellen war, obwohl ich doch eigentlich noch einige Tage im Dunkeln bleiben wollte. Das erschien mir seltsam und dadurch erkannte ich den Traum als Traum. Die Dunkelheit war somit eine gute Hilfe, um im Traum bewusst zu werden. Insgesamt hatte ich in der ganzen Zeit zwei luzide Träume, was für mich eigentlich schon eine sehr gute Quote ist.

Nach weiteren Tagen konnte ich dann auch anstelle des Einzelgespräches an einer Gruppensitzung teilnehmen, was mir sehr gut gefallen hat. Hierbei wurden Mantras gesungen, interessante und lehrreiche Erlebnisse erzählt, auf die Teilnehmer eingegangen, Wissen vermittelt und vieles mehr. Außerdem konnte ich hierbei auch Einblicke in die Erfahrungen der anderen Teilnehmern bekommen.

In den ersten Tagen war ich genervt von meinen eigenen Gedanken, die sich ständig in den Vordergrund drängten. Das ständige Denken kostete Kraft und brachte nicht viel. Das merkte ich vor allem dann, wenn ich mal tiefer in Meditation versunken war. Da war ich nicht mehr im Denken verstrickt und war einfach nur da. Diese klareren Momente waren super. Da war es mir auch vollkommen egal wo ich war. Ich hätte genauso gut irgendwo auf den Bahamas am Strand sitzen können oder eben in meinem dunklen Zimmer. Das hätte wenig Unterschied gemacht. Die Zeit bis wenige Tage vor Ende des Retreats ging ziemlich schnell vorbei. Während den letzten Tagen hatte ich dann allerdings etwas mit Unruhe zu kämpfen. Als ich an einem Tag dann noch Geräusche einer Schneeballschlacht und jemanden draußen durch den Schnee stapfen hörte, hatte ich schon Lust bekommen wieder mal etwas im Freien zu unternehmen. Um meinen Unternehmergeist etwas zu beruhigen, nahm ich das Angebot einer Klangmassage in Anspruch. Das hat dann auch gut gewirkt.

Bei mir kam ja noch eine Besonderheit hinzu. Ich wurde direkt im Anschluss des Dunkelretreats krank und musste für eine Weile in das nächstgelegene Krankenhaus. Auch in der Zeit konnte ich mich auf das Spiritbalance Team voll verlassen. Wir haben täglich miteinander telefoniert, sie haben mir meine Sachen vorbeigebracht, mich besucht, mich aufgebaut, wenn ich mal etwas niedergeschlagen war, mein Auto vom Eis befreit und vieles mehr. Alle haben sich ganz selbstverständlich um mich gekümmert. Da war ich manchmal schon sprachlos.

Mir kam das Retreat tatsächlich wie eine Art Beschleuniger vor. Vieles was ich erlebte, nahm ich teilweise intensiver wahr als sonst, was wohl der Dunkelheit geschuldet ist. Ich habe zwar keine große außergewöhnliche spirituelle Erfahrung gemacht, aber alles was ich erlebte, brachte mich irgendwie weiter. Es war einfach ein großer Schritt nach vorne.

Jetzt, einige Monate nach dem Retreat, kann ich mich viel einfacher und tiefer in Meditation versenken, als das noch vor einiger Zeit der Fall war. Auch bin ich im Alltag wesentlich entspannter und gelassener.

Mein innerer Prozess während der Tage im Dunkelretreat ist schwer zu beschreiben. Hauptsächlich drängten sich meine Gedanken stark in den Vordergrund, die wahrscheinlich im Alltag auch vorhanden sind, aber sich da nicht so leicht zeigen. Ich habe während der Zeit versucht damit umzugehen und diese irgendwie zu verarbeiten und loszuwerden – was, wenn ich es mal geschafft hatte, eine echte Befreiung war. Auch lernte ich mit der Zeit ein bisschen die Kontrolle abzugeben und nicht mehr so stark zu versuchen alles perfekt machen zu wollen, da ich mich durch das Verhalten selbst ständig unter Druck setzte. Das Thema kam vor allem kurz nach dem Retreat nochmal auf, als ich ins Krankenhaus kam und somit alle Kontrolle abgeben musste. Es war ein Prozess, der noch weit über das Ende des Retreats hinausging. Im Moment verändert sich so viel in mir, das ich das gar nicht richtig beschreiben kann. Es geht auf jeden Fall in eine positive Richtung, auch wenn es nicht immer gleich erkennbar ist. Ich bin Nachmittags ans Licht gegangen. Alles war schneebedeckt. Ich hatte eine unglaubliche Aussicht hinunter zum Tal. Allerdings waren meine Augen noch nicht an die Helligkeit gewöhnt. Deswegen wurde mir auch etwas schwindelig. Darum setzte ich mich dann ins Haus und schaute aus dem Fenster. Dort war das Licht nicht ganz so grell. So saß ich dann eine ganze Weile und bestaunte die Umgebung, die aussah, als wäre sie einem Märchen entsprungen.

Ich würde die Erfahrung des Dunkelretreats vor allem Menschen empfehlen, die schon eine gewisse spirituelle Praxis haben, da ich glaube, dass es mir ohne eigene Praxis sehr schwer gefallen wäre. Aber im Prinzip empfehle ich es jedem, der sich dazu hingezogen fühlt. Aktuell plane ich kein neues Dunkelretreat, da meines noch nicht so lange her ist. Jetzt übe ich erstmal im Hellen weiter.

Gabriela aus Stäfa, Schweiz, 56 Jahre

War im Januar 2017 für 8 Tage im Einzelretreat

Kurzentschlossen war ich Anfang 2017 für 8 Tage in der Dunkelheit. Als ich davon erfuhr, bekam ich in meinem Innern gleich Resonanz zu diesem Thema und meldete mich spontan an. Weder Angst noch ein ungutes Gefühl vor der Dunkelheit kamen hoch. Es hat mich jedoch magisch angezogen.

Was ich dann erlebt habe an Freude, innerer Ruhe und Dankbarkeit im Sein, hat alles übertroffen, was ich an Vorstellungen bis dahin hatte. Ich dachte einfach nur, dass es eine unglaublich tolle Erfahrung ist.

Zuhause angekommen und einige Tage wieder im Alltag, spürte ich schnell, dass sich in meinen Gefühlen eine positive Veränderung abzeichnete. Diese Erfahrung ist eine große Bereicherung für mich, obwohl ich mir bewusst bin, dass ich meine Meditationen jeden Tag machen muss, um diese positiven Auswirkungen aufrecht zu erhalten.

Ich werde nun in einigen Tagen heiraten und bin sehr dankbar für diesen neuen Zugang zu mir.

Klara aus Sasbachwalden, Deutschland, 29 Jahre

War im Februar 2017 für 10 Tage im Einzelretreat

Gleich am Anfang, als ich Bharati und Martin kennenlernte, habe ich von den hoch spirituellen Erlebnissen erfahren, die während eines Dunkelretreats möglich sind. Sofort stand für mich fest, dass ich selbst in die Dunkelheit eintauchen werde, sobald sich die Möglichkeit in meinem Leben ergeben sollte. Im Februar 2017 war es dann endlich soweit und die Pforten für 10 Tage im Einzel-Dunkelretreat öffneten sich.

Zur Vorbereitung auf das Retreat führte ich meinen generell recht gesunden Lebensstil und regelmäßiges Sadhana fort. Rückwirkend betrachtet, hat mir diese Praxis für die Zeit im Dunkeln bestimmt sehr geholfen. Vorab schrieb ich mir noch eine Liste und machte mir meine Gedanken darüber, was für mich im Retreat wichtig sein würde. So beschloss ich meine Gitarre, Yogamatte und Schreibzeug mit zunehmen. Als Mensch, der immer schon Angst vor der Dunkelheit hatte, überkamen mich Zweifel, ob ich das alles schaffen und lebend aus dem Dunkelretreat hinaus kommen würde. So fasste ich den festen Entschluss, meiner Angst ins Gesicht zu sehen und über sie hinaus zu wachsen. Ich wollte wirklich zur Ruhe und zu mir selber kommen.

Die Reise in die Dunkelheit begann. Sofort als das Licht ausging, spürte ich wie alles still wurde und wie ich mir Raum und Zeit gab, einfach zu sein. Ganz im Gegenteil zu meiner vorherigen Angst wurde alles ruhig und ich konnte mich direkt entspannen und fühlte mich wohl. Über die Tage hinweg ging ich durch die unterschiedlichsten Zustände und Prozesse. Ich hatte Tage an denen ich ganz bei mir, in Verbindung mit dem Göttlichen und in der Ruhe war. An anderen Tagen war ich völlig aufgelöst und steckte in tiefen Prozessen, in denen mir viel klar wurde. Manchmal war ich auch ganz in meinem Gendankenfilm gefangen, hatte mich in bestimmten Gedankengängen festgefahren und kam kaum mehr raus. Da haben mir die täglichen Gespräche sehr weitergeholfen.

In den letzten Tagen meines Retreats feierten wir Shivaratri, das Fest von Shiva und seiner Heirat mit Parvati. Schon der ganze Tag war schwierig gewesen und ich spürte, dass ich nun wirklich an einem schwierigen Punkt ankam. Es wurde richtig schwarz, nicht nur um mich herum sondern auch in mir. Die innere Spannung und den Ärger, den ich spürte, waren kaum auszuhalten. Ich war am Boden. Dann machte ich in dieser Vollmondnacht ein Aschebad. Ich rieb mich von oben bis unten mit heiliger Asche ein. Dies hatte ich noch nie zuvor gemacht und wusste nicht wirklich, was mich erwartete. Aber ich war wirklich am Rande der Verzweiflung und ich dachte mir „Ok, ich mach das jetzt einfach und versuche zu schlafen. Etwas besseres weiß ich nicht." Am nächsten Morgen wachte ich frisch und befreit aus meinem Schlaf auf. Ich fühlte mich so friedlich in mir, und so klar. An diesem Tag bevorzugte ich die Stille. Ich spürte Shiva sehr nah bei mir und auch die Kraft, die sich in mir entfaltete.

Da ich bis dahin noch keine eindrückliche Licht-Erfahrung hatte und ich zumindest irgendeine Erfahrung haben wollte, einen Engel sehen oder mehr und deutlichere Lichter, machte ich an diesem Tag eine sehr klare Ansage ans Universum. „Ich will eine Erfahrung, irgendeine, ganz gleich welcher Art, aber ich will das!" Ich forderte die Erfahrung regelrecht ein. Und dann eher unerwartet ging ich auf eine Astralreise, es war so real. Diese Erfahrung zeichnete sich tief in mir ab, denn ich konnte auf dieser Reise sehen, wie mein Verstand funktioniert. Ich sah wie er immer wieder versuchte, wie ein Hund, sich selbst in den Schwanz zu beißen. Erst war ich noch involviert und rannte und hastete umher, um herauszufinden wo der „Fehler" lag. Ich sah auch wie ich selbst gejagt wurde und dann konnte ich mich herausziehen. Ich betrachtete nun das Geschehen von Außen und erkannte was sich da tat. Immer wieder rannte es im Kreis, beschäftigte sich mit sich selbst und vergoldete so seine Zeit. Ich erkannte die Fehlprogrammierung meines Verstandes. Dies war ein tief beeindruckendes und zeichnendes Erlebnis.

Und an meinem letzten Tag, als wolle ich es noch einmal richtig wissen, überfiel mich meine Angst im Traum. Es war der Moment, an dem ich die meiste Angst verspürte, aber ich bin durchgegangen. Ich hab nicht das Licht angemacht. Bis heute spüre ich, wie viel Kraft mir das gibt. Ich fühle mich heute wesentlich freier und mehr bereit meinen Ängsten entgegen zu treten.

Eigentlich habe ich mich trotz der besagten Herausforderungen während des Dunkelretreats sehr wohl gefühlt. Das „Nichts" hat mir so viel Platz zum Sein gegeben und mir ermöglicht, ganz zur Ruhe zu kommen. Ich war noch nie so entspannt gewesen. Es ist wirklich ein Privileg, sich all den äußeren Reizen einmal ganz entziehen zu können und in die Tiefen des Selbst einzutauchen. Natürlich war ich nicht immer nur entspannt und ruhig. Dennoch führte mich die Dunkelheit immer wieder in den Raum der Ruhe zurück. Irgendwie ist man ja auch zu einer gewissen Langsam- und Behutsamkeit gezwungen, wenn man sich in der Dunkelheit nicht an den Möbeln und Gegenständen anschlagen und weh tun will.

Die täglichen Gespräche mit meiner Dunkelretreat-Betreuung halfen mir, in meinem Prozess weiter zu kommen und inspirierten mich, neue Meditationstechniken auszuprobieren. Ich fühlte und fühle nach wie vor eine tiefe Verbindung und Sicherheit in mir selbst. Es ist, als hätte ich einen Anker in meinem inneren Kern gesetzt, der mich bei mir hält. Dadurch erlebe ich mich ruhiger und gelassener in Anbetracht äußerer Umstände. Meine Ängste haben seit diesen Erlebnissen deutlich an Kraft verloren und ich an Stärke gewonnen. Der erste Lichtstrahl nach dem Retreat war umwerfend schön für mich. Schon allein wieder unter freiem Himmel zu sein, empfand ich als Segen. Die Welt wieder zu erblicken, war als würde ich sie zum ersten

Mal sehen. Nicht aber weil sich die Welt verändert hatte, sondern weil ich mich ganz anders in mir fühlte. Seit meiner Dunkelretreat-Erfahrung hat sich einiges innerlich und in meinem Leben geändert. Das äußert sich vor allem darin, dass ich jetzt generell leichter in einen inneren Raum der Ruhe komme. Ich fühle mich einfach gelassener. Manche Beziehungen zu Familienangehörigen durften sich auch weiterentwickeln. Ich sehe das Leben mit anderen Augen. Ich fühle mich mehr in mir. Mein innerer Raum ist mehr spürbar und konstant, dies hilft mir, mit dem sich immer verändernden Leben umzugehen.

Ich kann nur jedem empfehlen, sich die Zeit zu nehmen, den Schritt zu wagen und selbst ins Dunkelretreat zu gehen. Diese Erfahrung ist gleichsam wertvoll wie Augen öffnend. Wir dürfen in der Dunkelheit ganz zu uns und in die Ruhe kommen. Es gibt uns Klarheit und ein besseres Verständnis über uns und das Leben selbst. Im Gegensatz zu einer Entspannungskur oder einem Urlaub ist dies ein grundlegend lebensveränderndes Erlebnis, welches uns wirklich in die Entspannung bringt und nachhaltig beeinflusst. Vor allem aber Menschen, die sich essentielle Fragen über sich selbst und das Leben stellen, sollten diese Möglichkeit der Selbstfindung nutzen. Ich bin mir sicher, dass sie nicht enttäuscht sein werden, wenn sie sich der Dunkelheit hingeben und um Antworten bitten. Wenn es mir erlaubt ist, möchte ich selbst auf jeden Fall auch wieder in die Dunkelheit zurück.

Kurt aus Kreuzlingen, Deutschland

War für 10 Tage im Einzelretreat

In den letzten 10 Jahren war ich mehrmals an einer spirituellen Universität in Indien, um dort intensive spirituelle Erfahrungen zu machen. Die Basis all dieser Erlebnisse war das Mantra „Om sat chit ananda“ (Ich bin Sein, Bewusstsein, Glückseligkeit). Dieses Mantra ist die Sanskritantwort auf die Frage: „Wer bin ich?” Ich habe es viele tausend Mal gechantet, ohne wirklich zu fühlen und zu erfahren, was damit zum Ausdruck gebracht werden soll. Dies war die Ausgangslage, als ich einen Vortrag von Saskia John über ihre Erfahrungen im Dunkelretreat in Deutschland hörte. Bis dahin war ich der Meinung, der Aufenthalt in dunklen Höhlen mit der Absicht, spirituelle Erfahrungen zu vertiefen, würde nur in asiatischen Ländern mit buddhistischer bzw. hinduistischer Kultur praktiziert werden.

Ich war sofort fasziniert von den unglaublichen Möglichkeiten, von denen sie berichtete. Am meisten überraschte mich, dass sich in der Dunkelheit häufig „spontane“ Heilungen ereignen. Als ich dann noch feststellte, dass Bharati (eine gute Bekannte aus Ashramzeiten in Indien) im schönen Schwarzwald ideale Bedingungen für ein

Dunkelretreat anbietet, vereinbarte ich sofort einen 10-tägigen Aufenthalt zum nächstmöglichen Termin.

Bewusst informierte ich mich wenig über die Erfahrungen anderer im Dunkeln. Ich wollte diese Zeit spontan und ohne bestimmte Erwartungen angehen. In den ersten 2-3 Tagen habe ich viele Stunden geschlafen. In der wachen Zeit genoss ich es, ohne Verpflichtungen im warmen Bett zu liegen und meine Gedanken ohne irgendeine Ablenkung zu beobachten. Zum ersten Mal fühlte ich, was die Begriffe des Mantras: Ich bin „Sein, Bewusstsein, Glückseligkeit" bedeuten.

Ich bin „Sein" fühlt sich so an: Mein Körper funktioniert ohne jedes Zutun, einfach so, auch oder gerade im Dunkeln. Außer der Zufuhr von 2 Liter Tee pro Tag verlangte er keinerlei Aufmerksamkeit. Nach etwa 6 Tagen war jegliche Anspannung weg und ich fühlte mich vollkommen als Teil der Natur. So wie Tiere und Pflanzen, die sich auch im Zustand des „Seins" befinden. Diese Erfahrung befreite mich von der ansonsten immer vorhandenen, latenten Sorge um meinen Körper. Ich spürte, dass mein Körper von alleine weiß, was ihm gut tut und mein Verstand sich nicht um ihn kümmern muss. Ich darf ihn einfach genießen als großartiges Vehikel, das mich an dem Leben auf diesem Planeten teilnehmen lässt.

„Bewusstsein": Im Dunkeln, wo man die Begrenzung des Körpers nicht sehen kann, konnte ich plötzlich sehr deutlich wahrnehmen, dass es sich nicht auf meinen

Körper beschränkt. Ich konnte es spielerisch auf das ganze Zimmer, den ganzen Ashram und sogar bis zum Himmel ausdehnen. Diese Bewusstseinserweiterung ließ nicht nur die Begrenzung durch den Körper, sondern auch die Begrenzung durch den dunklen Raum wegfallen. Plötzlich wurde mir klar, was es heißt mit Allem und letztendlich sogar mit dem Kosmos verbunden zu sein. Meine Gefühle der Einsamkeit und der Verlorenheit im Kosmos wurden damit auf wunderbare Weise geheilt. Diese neue Freiheit ermöglichte es mir, mich auf die Suche nach meinem „Höheren Selbst" zu machen. Und es geschah etwas völlig Unerwartetes.

Ich konnte ganz leicht mit Mutter Maria in Kontakt treten. Und wenn sie in ihrer strahlenden Schönheit vor mir erschien, durchströmte mich ein unvorstellbar intensives Glücksgefühl, noch viel größer als eine erste Verliebtheit. Zum ersten Mal erlebte ich Glückseligkeit. Im sehenden Zustand war mir diese Tür bisher verschlossen geblieben. Im Dunkelraum wurde mir diese Erfahrung einfach geschenkt. Und jedes Mal, wenn ich mich mit Mutter Maria verband, machte sie mir aufs Neue dieses Riesengeschenk.

Neben diesen grundsätzlichen Erfahrungen hält die Dunkelheit weitere Überraschungen bereit. Anfangs nur verschwommen, dann immer deutlicher konnte ich die Farben der Chakren in das Zimmer projiziert wahrnehmen. Erfreulicherweise dominierte das Grün des Herzchakras. Des Weiteren blieb das Zimmer nicht komplett dunkel, sondern verwandelte sich in eine Mondlandschaft. Das immer mehr geöffnete 3. Auge ermöglichte eine grobe visuelle Orientierung im Zimmer. Plötzlich realisierte ich, dass unsere Vorfahren, die in dunklen Höhlen wohnten, sich dort auch ohne Feuer orientieren konnten.

Ab dem 5. Tag waren die Wahrnehmungskanäle so weit geöffnet, dass ich menschliche Wesen in anderen Dimensionen wahrnehmen konnte. In dieser Situation war es von großem Vorteil, dass ich in täglichen Gesprächen mit Bharati diese „Erscheinungen" richtig einordnen konnte.

Ein Erlebnis der besonderen Art war die Rückkehr ins Licht. Vor dem Sonnenaufgang auf der Terrasse sitzend, nahm ich die Augenbinde ab. Der Blick ging hinunter auf die Rheinebene, die im Nebel versunken war. Die Wahrnehmung des Himmels, der Wolken, des beginnenden Regens und der umgebenden Natur war überwältigend. Das aufsteigende Tageslicht durchströmte mich mit tiefster Dankbarkeit, die bis heute anhält. Die stark erhöhte Wahrnehmungsfähigkeit machte überdeutlich, welch ein großartiges Geschenk unser visuelles Weltbild darstellt. Zur Begrüßung in der wiedergewonnenen Freiheit, die Welt über die Augen wahrzunehmen, bildete sich ein wunderschöner Regenbogen am Himmel. Ohne Übertreibung haben diese Minuten die tiefsten Eindrücke in meinem Bewusstsein hinterlassen. Die Schönheit der Schöpfung ist unübertrefflich, wenn wir in die Lage versetzt werden, sie zu sehen.

Zusammenfassend kann ich sagen, dass es Mut erfordert, sich auf eine bestimmte Zeit in ein Dunkelretreat zurückzuziehen. Die Dunkelheit hält jedoch Geschenke für uns bereit, die wir im Voraus nur erahnen können und sie sind für jeden individuell und genau richtig.

Dunkelretreat im Schwarzwald

Im Dunkelretreat löst sich die Aufmerksamkeit von Außen und richtet sich nach innen. Die ICH-Erfahrung transformiert sich in pures SEIN - ein wundervoller Zustand der Einheit und des Angekommenseins.

Wir laden dich zu einem kostenfreien Erstgespräch mit einem Dunkelretreat-Betreuer via Telefon oder Skype ein, um deine Fragen und Wünsche zu klären.

- Was erwartest du von deinem Dunkelretreat?
- Möchtest du lieber ein Einzelretreat erfahren oder Teil einer Gruppe sein?
- Welche Dauer ist für dich optimal?
- Möchtest du in Stille sein oder täglich von einem Betreuer in deinem Prozess unterstützt werden?
- Alle weiteren Fragen, Ängste und Wünsche, die du zu deinem ganz persönlichen Dunkelretreat hast.

Ruf uns an unter **+497841-8392417** und vereinbare deinen persönlichen Beratungstermin mit einem Dunkelretreat-Betreuer.

Unter **www.dunkelretreat.de** findest du weitere Informationen zum Ablauf, den Räumlichkeiten und dem Betreuer-Team.

Dunkelretreat-Ausbildung

Das Dunkelretreat ist ein kraftvolles Werkzeug für innere Transformation. Frei von Religion und Dogmen nimmt es seinen Platz in der Welt ein, um Seelen zu heilen, Klarheit zu schenken und die Kraft zu geben, alle Lebensaufgaben mit Freude zu verwirklichen.

Zur Begleitung dieses intensiven Prozesses, braucht es offene und authentische Begleiter, die zuhören, innere Prozesse spiegeln und Mut machen, sich der Tiefe der eigenen Erfahrung hinzugeben. Deshalb haben Bharati und Martin 2016 erstmals ihr Wissen weitergegeben und eine Gruppe von Dunkelretreat-Betreuern ausgebildet. Doch um der großen Nachfrage nach Dunkelretreat gerecht zu werden, brauchen wir mehr Unterstützung!

Ziel der Dunkelretreat-Ausbildung ist die Vermittlung des Wissens und der Fähigkeiten, eigenständig Dunkelretreats auf höchstem Qualitätsstandard durchzuführen. Der Fokus liegt hier insbesondere auf den psychologischen Grundlagen und dem spirituellen Wissen.

Drei Phasen der Ausbildung zum Dunkelretreat-Betreuer

- **Phase 1:** Erwerb von wichtigem Basis-Wissen und eigene Erfahrung im Dunkelretreat
- **Phase 2:** Erfahrung in der Begleitung von Klienten, Vertiefung des Wissens
- **Phase 3:** Intensive Selbstreflektion und Erwerb von fundiertem Wissen zur Gestaltung von energetischen Heilungsprozessen

Der erfolgreiche Abschluss der Phase 1 befähigt Dunkelretreats unter Supervision durchzuführen. Phase 2 ermächtigt eigenständig Dunkelretreats zu betreuen und durchzuführen.

Möchtest du Menschen bei ihrer Dunkelretreat-Erfahrung begleiten?

Dann werde Teil unseres Betreuer-Teams.

Ruf uns an unter **+497841-8392417** und vereinbare einen persönlichen Telefontermin mit Bharati und Martin.

Unter **www.dunkelretreat.de/ausbildung** findest du weitere Informationen zum Ablauf der Ausbildung, den Kosten und Terminen.

Notizen

Notizen